汉语视听说教材系列

中国电影欣赏
WATCHING THE MOVIE AND LEARNING CHINESE

FLOWERS IN THE CLOUD

女人的天空

丁安琪　张学增　刘懿萱　编著

北京语言大学出版社
BEIJING LANGUAGE AND CULTURE
UNIVERSITY PRESS

图书在版编目（CIP）数据

中国电影欣赏：女人的天空 /丁安琪等编著.
—北京：北京语言大学出版社，2010.4
（汉语视听说教材系列）
ISBN 978-7-5619-2697-0

Ⅰ.①中… Ⅱ.①丁… Ⅲ.①汉语－听说教学－对外
汉语教学－教材 Ⅳ.①H195.4

中国版本图书馆 CIP 数据核字（2010）第 057348 号

书　　名：中国电影欣赏：女人的天空
责任印制：陈辉

出版发行：**北京语言大学出版社**
社　　址：北京市海淀区学院路 15 号　邮政编码：100083
网　　址：www. blcup. com
电　　话：发行部　82303648/3591/3651
　　　　　编辑部　82300090
　　　　　读者服务部　82303653/3908
　　　　　网上订购电话　82303668
　　　　　客户服务信箱　service@ blcup. net
印　　刷：北京联兴盛业印刷股份有限公司
经　　销：全国新华书店

版　　次：2010 年 4 月第 1 版　2010 年 4 月第 1 次印刷
开　　本：787 毫米×1092 毫米　1/16　印张：6.25
字　　数：108 千字
书　　号：ISBN 978-7-5619-2697-0/H·10059
定　　价：45.00 元（图书 20.00 元，DVD 25.00 元）

凡有印装质量问题，本社负责调换。电话：82303590

编写说明

从外语学习和教学的角度来看，电影不仅语言真实自然，而且剧情引人入胜，反映社会现象，体现文化内涵，因此，电影视听教学是深受欢迎的一种课型。对外汉语教学界也普遍使用中国电影进行汉语视听教学，但是，由于种种原因，目前根据中国电影编写出版的视听教材却是凤毛麟角，各个学校大都是使用为中国人出版的光盘进行电影视听教学，学习材料简单，教学也不够规范。为了适应教学需求，北京语言大学对外汉语教材研发中心选择汉语教师广泛使用、外国学生普遍欢迎的一些中国电影，组织编写出版这套中国电影视听教材。

这套中国电影视听教材采取一部电影一本教材的模式编写，目的是让教师有充分的选择和组合的自由。由于一部电影一般长度都在90分钟以上，为了不占用有限的课堂教学时间，建议在课前让学生自己先完整看一遍电影。课堂教学部分为4-8课时，选择电影的几个片段，详加注解，设计练习，编为教材。至于课堂教学以外的内容，为了便于学习者理解、欣赏，除了DVD提供英文字幕以外，教材也提供了附有生词翻译和语言点注释的电影文本，建议学习者课后自学。

教材的配套DVD是专门为教材重新制作的，包含"欣赏版"和"教学版"。"欣赏版"是全剧的完整播放，所有中文字幕都经过认真的校对；"教学版"则是所选教学内容的重新剪辑，课堂教学只需要播放"教学版"，专门为教材设计的教学环节都体现于其中，不仅方便了教学，而且充分利用了录像。需要说明的是，由于技术问题，某个教学环节播放结束之后，画面只能短时暂停，需要教师按播放器的暂停键，以长时暂停。

这套中国电影视听教材分为两个等级，一是初中级，选择反映当代中国人生活的电影，侧重语言教学，如《洗澡》《女人的天空》；二是中高级，选择反映中国文化的电影，兼重文化教学，如《霸王别姬》。每本教材都有具体的适用水平的介绍。

电影《女人的天空》上映于1999年，曾荣获第六届中国电影华表奖优秀影片提名。教学版选取9个片段，总长度约为36分钟，建议教学课时为8学时，适合掌握3000汉语常用词语的学习者使用。

北京语言大学
对外汉语教材研发中心

目 录
Contents

导 视

背景介绍

　　航空公司招聘了一批女空中乘务员，对她们进行了严格的培训。肖霆锋是第一次当教官，他的训练方式，刚开始时让学员们真的难以接受；罗薇宁聪明能干，不管教官出什么难题，她都能轻松对付；李如芸本来胆小害羞，通过训练，最后变得非常自信；以前是领导的汪明慧，本来没想考空中乘务员，却成了乘务队的队长……虽然她们最后都及格毕业，但是培训过程中都遇到了很多困难，发生了许多非常有意思的事情。

　　这是一部反映中国当代都市生活的优秀喜剧电影，内容有趣，语言生动，让人笑声不断。

主要人物

肖霆锋： 教官，罗薇宁的丈夫

罗薇宁： 学员

汪明慧： 学员

李如芸： 学员

施　宇： 飞行员，肖霆锋的同事

郭声发： 李如芸的男朋友，施宇的老同学

课前预习
Preparation

完整地看一遍电影，思考下面问题
Watch the movie and think about the following questions

1. 电影讲述的是一个什么故事？
2. 肖廷锋发生了什么变化？
3. 汪明慧发生了什么变化？
4. 李如芸发生了什么变化？
5. 你最喜欢电影中的哪个人物？为什么？

01

报考空乘
Apply to Be a Stewardess

生词 New words and expressions

1	出山	chū shān	take up a post or task
2	空乘	kōngchéng	（名） steward or stewardess
3	制服	zhìfú	（名） uniform
4	紫红色	zǐhóngsè	（名） amaranth, fuchsia
5	配	pèi	（动） to match
6	踏实	tāshi	（形） dependable, surefooted
7	千万	qiānwàn	（副） (used in earnest entreatment, exhortation, etc.) must
8	考官	kǎoguān	（名） examiner
9	应考	yìngkǎo	（动） to take an exam
10	素质	sùzhì	（名） quality
11	应届	yìngjiè	（形） this year's
12	表格	biǎogé	（名） form, table
13	考场	kǎochǎng	（名） examination hall
14	录取	lùqǔ	（动） to matriculate
15	应聘	yìngpìn	（动） to apply for some position, job or offer
16	个性	gèxìng	（名） individuality, personality
17	报考	bàokǎo	（动） to enter oneself for an examination
18	浪漫	làngmàn	（形） romantic
19	从小	cóngxiǎo	（副） since childhood

20	梦想	mèngxiǎng	（动）	to dream of
21	合格	hégé	（形）	eligible, qualified
22	充实	chōngshí	（形）	rich, substantial
23	运气	yùnqi	（名）	fortune
24	深思熟虑	shēn sī shú lǜ		to think over carefully
25	心血来潮	xīnxuè lái cháo		to be prompted by a sudden impulse
26	全力	quánlì	（副）	with full effort
27	乘务员	chéngwùyuán	（名）	attendant in means of transportation
28	至于	zhìyú	（连）	as for, as regards
29	培养	péiyǎng	（动）	to foster, to rear, to train

语言讲解　Notes on language points

1 帅呆了，酷毙了。

这是从香港传入中国大陆的流行语。"帅呆了"形容男子特别帅；"酷毙了"意思是特别酷。

"帅呆了" is a catchword which refers to a very handsome man. "酷毙了" is a catchword which means very cool.

2 别老学港台电视剧那一套。

"这/那+一套"，表示某种本领、方法。多含有贬义。例如：

"这/那+一套" means some kind of capability or method. It is often used as a derogatory term. For example,

（1）你这一套已经过时了。

（2）我才不信你那一套呢。

3 别想起一出是一出，啊？

"出"是用于中国戏曲演出的量词。"想起一出是一出"是惯用语，表示想起一件事就要做这件事，而没有经过认真的考虑。例如：

"出" is a classifier normally used for Chinese dramas. "想起一出是一出" is an idiom which means do something without careful consideration. For example,

（1）他这个人，想起一出是一出。刚才大家说起烤鸭，他中午就要去吃。

（2）你怎么想起一出是一出，下着雨怎么去公园玩儿？

4 你千万不要填错了啊。

"千万"意思是"一定，务必"，表示恳切叮咛。例如：

"千万" means "must, be sure to". It expresses the admonition. For example,

（1）你千万别迟到了。

（2）这件事你千万要记住。

5 我对空中乘务员还算是比较了解。

"算"是动词，意思是"算作、当作"。"还算（是）"意思是"可以说是……"，带有一点儿勉强的意思。例如：

Here "算" is a verb meaning "算作, 当作". The meaning of "还算(是)" is "you could also say". It shows a tone of reluctance. For example,

（1）她汉语说得还算流利。

（2）他的成绩还算不错。

6 至于，我要怎么样才能成为一个合格的空乘，那还需要我今后的努力，和——您的培养。

"至于"用在句子或分句开头，引进另一个话题。"至于"后边的名词、动词等是话题，后面有停顿。例如：

"至于" is used at the beginning of a sentence or a clause to bring in another topic.

The noun, verb, etc. that follows "至于" is the new topic. There is a pause after the topic. For example,

（1）听说他会唱中文歌，至于唱得怎么样，我就不知道了。

（2）她打算下个月来中国，至于哪天出发，她还没有决定。

视听说练习　Exercises based on the video

看第一遍，做练习
Watch the video for the first time and do exercises

判断对错　True or false

1. 罗薇宁打算重新出去工作。　　　　　　　　（　　）
2. 肖霆锋很支持罗薇宁考空乘。　　　　　　　（　　）
3. 汪明慧来考空乘，考官对她很满意。　　　　（　　）
4. 汪明慧是一个领导。　　　　　　　　　　　（　　）
5. 罗薇宁还没有结婚。　　　　　　　　　　　（　　）
6. 应聘过程中，罗薇宁非常自信。　　　　　　（　　）

看第二遍，做练习
Watch the video for the second time and do exercises

一 选择与画线部分意思最接近的词语

Choose the answers that best reflect the meanings of the underlined words

1. 哎，我考虑要重新出山了。
   A. 再一次走出山里
   B. 再一次去做生意
   C. 再一次出去工作

2. 你听我说啊，别想起一出是一出啊。
   A. 想出门就出去

B. 想到什么就做什么

C. 想出去一次就出去一次

3. 你<u>千万</u>不要填错了啊！

  A. 不要把千和万填错

  B. 不要填错太多次

  C. 一定不要填错了

4. 领导说这批<u>就算了</u>。

  A. 不要这些人   B. 算上这些人   C. 需要这些人

5. <u>还算</u>是比较了解。

  A. 非常了解   B. 很不了解   C. 有些了解

二 回答问题 Answer the following questions

1. 罗薇宁以前是做什么工作的？你是怎么知道的？

2. 肖霆锋说"咱们可都说好了的"，你认为他们说好了什么？

3. 报名参加考试的大约有多少人？

4. 考官对汪明慧有什么印象？

5. 对于罗薇宁参加空乘考试，肖霆锋怎么看？

6. 罗薇宁回答完，考官问"你看怎么样"，肖霆锋为什么说"你们看，你们看"？

看第三遍，做练习

Watch the video for the third time and do exercises

一 填空 Fill in the blanks

  我来应聘，_____是因为，我觉得我有能力成为一个_____的空乘；_____，我想做一些具体、_____的事情，让我的生活能够_____起来。我叫罗薇宁，今年26岁，_____。

  我是经过_____才来的，绝对不是_____。_____，我没有和我家里人商量过，_____我相信，他们都会全力支持我的。

  我有_____的自信我才来的。而且，_____一些特殊原因，我对空中乘务员_____是比较了解。_____，我要怎么样才能成为一个_____的空乘，那还需要我今后的努力，和——您的_____。

二 表达练习   Let's talk

1. 看电影片段，复述前四名考生报考空乘的理由。

2. 说一说上面的片段中肖霆锋的动作、表情（expression）和心里的想法。

3. 在中国，空乘一般都是年轻漂亮的女性，被称为"空姐"，是令人羡慕的职业。介绍一下你们国家的空乘职业。

三 模拟招聘   Mock interviews

一部分同学做考生，其他同学做考官，模拟一场空乘招聘考试。

02 课上课下
In and after Class

1	教官	jiàoguān	（名）	drillmaster, instructor
2	任命	rènmìng	（动）	to appoint sb. to a post
3	上任	shàng rèn		to hold a post
4	恭喜	gōngxǐ	（动）	to congratulate
5	端庄	duānzhuāng	（形）	dignified, demure
6	稳重	wěnzhòng	（形）	sedate, modest, prudent
7	讲义	jiǎngyì	（名）	teaching materials, lecture sheets
8	死	sǐ	（副）	extremely
9	捎	shāo	（动）	to bring or take along
10	飞行员	fēixíngyuán	（名）	pilot
11	吃不消	chībuxiāo	（动）	to be unable to stand, to be too much for sb.
12	野兽	yěshòu	（名）	beast, wild animal
13	要不是	yàobushì	（连）	if it were not for
14	两面派	liǎngmiànpài	（名）	double-dealer, the vicar of Bray
15	整	zhěng	（动）	to make sb. suffer
16	偏袒	piāntǎn	（动）	to favor, to be partial to and side with
17	口蜜腹剑	kǒu mì fù jiàn		to be honey-mouthed and dagger-hearted, to play a double game
18	笑容	xiàoróng	（名）	smile
19	开饭	kāi fàn		to have a meal served

20	得令	déling	（动）	to get an order, to do sth. as ordered
21	从实招来	cóng shí zhāo lái		to tell the truth, to be honest
22	同事	tóngshì	（动）	colleague, staff
23	痴心	chīxīn	（名）	blind love, blind passion
24	网开一面	wǎng kāi yí miàn		to go easy on sb.
25	公平	gōngpíng	（形）	fair, equitable
26	瓜	guā	（名）	melon
27	暂且	zànqiě	（副）	for the moment
28	绝不	jué bù		in no way, by no means
29	连累	liánlèi	（动）	to involve, to get sb. in trouble
30	意思	yìsi	（名）	(speaking of a gift) a token of appreciation, etc.

语言讲解 Notes on language points

1 习惯成自然。

习惯了就成为自然的事了。例如：

Habit becomes second nature. For example,

（1）习惯成自然，他现在每天饭后都要出去散散步。

（2）他右手受伤，只能用左手拿筷子，刚开始很不适应，现在已经习惯成自然了。

2 我脚疼死了，带我一段。

"死"在这里是副词，表示达到了极点，后面常跟助词"了"。例如：

Here "死" is an adverb, meaning "extremly". It is often followed by the particle "了". For example,

（1）最近这段时间我忙死了。

（2）那个小丑的表演笑死我了。

3 **要不**，我送你一段好不好？

"要不"，也说"要不然"，连词，有两个意思。在这里是表示建议。例如：

"要不" is a conjunction equivalent to "要不然". It has two meanings. The meaning here is to propose a suggestion. For example,

（1）今天太累了，要不咱们去饭馆吃饭吧。

（2）A：唉！这次口试又没通过。

B：要不这么着吧，我给你介绍一个中国朋友，你多练练。

另一个意思是"不然，否则"，引出一个结论。例如：

It also means "otherwise" to introduce a conclusion. For example,

（3）给家里打个电话吧，要不他们该着急了。

（4）路上肯定堵车了，要不他怎么现在还没到学校？

4 **累吧**？**吃不消吧**？

"吃不消"意思是"承受不了"。肯定形式是"吃得消"，但一般只用于问句。例如：

"吃不消" means "to be too much for sb." . Its affirmative form is "吃得消", which is generally used in a question only. For example,

（1）这工作真让人吃不消。

（2）要花这么多钱？我可吃不消。

（3）每天要学这么多东西，你吃得消吗？

（4）站了这么久，吃得消吃不消？吃不消就说一声，休息一下儿。

5 我**要不是**跟你一块儿去上班啊，真还看不出你的另外一面呢。

"要不是"，连词，"如果不是"的意思，表示对已经发生的事情的否定的假设。例如：

"要不是", a conjunction, is the same as "如果不是", expressing a hypothetical negation to what has already happened. For example,

（1）要不是堵车，我们早就到了。

（2）要不是你借钱给我，我根本买不起这么大的房子。

6　我不敢对你有所偏袒啊。

"有+所+动词"多用于书面语，表示"在某种程度上"，后面的动词常为双音节动词。例如：

"有+所+verb" is often used in written Chinese, which means "to some extent, somewhat". The verb in this structure is often disyllabic. For example,

（1）在这个问题上，我们已经有所准备了。

（2）今年我们公司的产品在数量和质量上都有所提高。

7　你别笑，你这口蜜腹剑的东西。

在口语中，用"东西"称人，表示厌恶或喜爱的感情。例如：

In spoken Chinese, "东西" is used to refer to a person to indicate the speaker's feeling of like or dislike of sb. or sth.. For example,

（1）把孩子打成这样，这人真不是东西！

（2）不工作，不挣钱，成天在家玩游戏，你是个什么东西？

（3）这老东西！差点儿被他骗了。

（4）你儿子现在能跑能跳了，小东西可爱极了。

8　你就睁一只眼闭一只眼吧。

"睁一只眼闭一只眼"是一个惯用语，意思是：看见了，但是假装没看见或没看清；知道了，但是假装不知道或不清楚。比喻遇事容忍，或不负责任，故作不知。例如：

"睁一只眼闭一只眼" is an idiom, meaning "to turn a blind eye to sth. or sb.". (despite being aware of something, you act in ignorance as if you don't notice.) It is metaphorically used to indicate someone is tolerate or irresponsible. For example,

（1）李华的妈妈和他爱人关系不好，经常为小事不高兴，李华没办法，只能睁一只眼闭一只眼。

（2）他对自己班的学生很严格，对其他班的学生，总是睁一只眼闭一只眼。

9 看在声发对李如芸一片痴心的分上……

"分"读作fèn，意思是"情分"。"看在……的分上"是一个惯用结构，表示因为某种感情的考虑而做一件事。例如：

"分" is pronounced fèn, meaning "mutual friendship or affection". "看在……的分上" is a commonly used phrase. It means that because the mutual affection or relationship was taken into consideration, something was done. For example,

（1）看在你的分上，我没有批评他。

（2）看在我们是好朋友的分上，你就帮帮我吧！

（3）看在你帮助过我的分上，这次就原谅你了。

10 这是声发的一点儿意思。

"意思"在这里指的是"代表心意的礼物"，前面常用"一点儿"、"小"等词修饰。例如：

"意思" refers to the gift which is a token of appreciation. It is often modified by "一点儿", "小", etc. For example,

（1）这是我们的一点儿意思，请您收下吧。

（2）几瓶酒，几条烟，一点儿小意思，不成敬意，请您笑纳。

"小意思"还可以表示"不算什么、容易做到"。例如：

"小意思" can also means "not a big deal, easy to do". For example,

（3）他酒量很大，这几杯酒对他来说只是小意思。

（4）A：小李，你来帮我看看，我的电脑怎么上不了网了。

　　　B：小意思，三分钟解决问题。

"意思"还可以用作动词，指"表示一点儿心意"。常重叠，或在后面加"一下儿"。例如：

"意思" can also be used as a verb, which means "as a mere token". It is often used in the reduplication form, or followed by "一下儿". For example,

（5）过年了，咱们给大姐买点儿东西意思意思吧。

（6）大家那么辛苦，我们得买点儿东西意思一下儿。

视听说练习　Exercises based on the video

看第一遍，做练习
Watch the video for the first time and do exercises

判断对错　True or false

1. 教官要求学员们站着上课。　　　　　　　　（　　）
2. 罗薇宁和肖霆锋一起回的家。　　　　　　　（　　）
3. 罗薇宁训练得非常辛苦。　　　　　　　　　（　　）
4. 罗薇宁不想让同事知道她和肖霆锋的关系。　（　　）
5. 郭声发给肖霆锋送来礼物，肖霆锋很高兴。　（　　）

看第二遍，做练习
Watch the video for the second time and do exercises

一 选择与画线部分意思最接近的词语

Choose the answers that best reflect the meanings of the underlined words

1. 我脚疼死了，带我一段。
   A. 我脚疼，快要死了
   B. 我的脚疼得很厉害
   C. 我的脚不能走路了

2. 老肖，老肖！捎上我！
   A. 顺便带上我　　　　　B. 把我送回家　　　　　C. 帮我送东西

3. 你是不是故意想整我啊？
   A. 让我整理房间　　　　B. 让我服装整齐　　　　C. 让我受苦受累

4. 我会给她找别的工作，绝不连累您。
   A. 一定不让您辛苦受累
   B. 一定不让您受到影响
   C. 一定不让您介绍工作

5. 这是声发的一点儿意思，你无论如何得收下。

    A．别问为什么   B．不管怎么样   C．无论是什么

二 回答问题　Answer the following questions

1. 肖霆锋为什么任命汪明慧做乘务队的队长？
2. 罗薇宁对汪明慧做队长是什么看法？
3. 罗薇宁想坐肖霆锋的车回家，肖霆锋带她吗？为什么？
4. 罗薇宁回家后，为什么说肖霆锋是两面派？
5. 罗薇宁为什么知道打电话的人是肖霆锋的同事？
6. 郭声发为什么请求肖霆锋留下李如芸？

看第三遍，做练习
Watch the video for the third time and do exercises

一 表达练习　Let's talk

1. 看电影片段，说明教官与学员对站着上课的不同看法。
2. 对比一下肖霆锋在培训班上与在家里的表现有什么不同。

二 配音练习　Role play

1. 看电影片段，扮演肖霆锋。
2. 看电影片段，扮演罗薇宁。

三 讨论　Discussion

◎ 你怎么看郭声发和肖霆锋的做法？分成两组，进行辩论。

03 严格训练
Strict Training

生词　New words and expressions

1	航班	hángbān	（名）	scheduled flight
2	表情	biǎoqíng	（名）	expression
3	由衷	yóuzhōng	（形）	sincere, from the bottom of one's heart
4	传递	chuándì	（动）	to deliver, to pass
5	宾至如归	bīn zhì rú guī		make guests feel at home
6	顺眼	shùnyǎn	（形）	pleasing to the eye
7	和蔼可亲	hé'ǎi kě qīn		affable, agreeable
8	吓唬	xiàhu	（动）	to frighten, to scare
9	过关	guò guān		to go through a critical test or a difficult time
10	感染	gǎnrǎn	（动）	to affect, to infect
11	用心	yòngxīn	（形）	attentive, diligent
12	感受	gǎnshòu	（动）	to experience, to feel
13	着迷	zháo mí		to be fascinated, to be enchanted
14	被动	bèidòng	（形）	passive
15	恼羞成怒	nǎo xiū chéng nù		to fly into a rage out of humiliation
16	纠缠不休	jiūchán bù xiū		to stick like a limpet
17	起码	qǐmǎ	（形）	minimum, the least
18	大方	dàfang	（形）	natural and poised, easy
19	敢于	gǎnyú	（动）	to dare to, to have the courage to

20	正视	zhèngshì	（动）	to face squarely
21	乐意	lèyì	（动）	to be happy to, to be willing to
22	效劳	xiào láo		(polite) to offer (or render) one's service

语言讲解 Notes on language points

1 微笑，不只是个简单的面部表情，而应该是由里及外由衷的表达。

"由里及外"中，"由"是"从"，"及"是"到"，"从里及外"在这里指"发自内心的"。"由……及……"一般用于书面语。

In "由里及外", "由" means "from" and "及" means "to". The literal meaning of "由里及外" is "from inside to outside". It means "from the bottom of one's heart" in the video. "由……及……" is generally used in written language.

2 而你这种笑容，最多算是皮笑肉不笑。

"皮笑肉不笑"，极其不自然地装出一副笑脸。形容虚伪或心怀恶意的样子。例如：

"皮笑肉不笑" means a fake smile. It is used to imply someone is hypocritical or malevolent. For example,

（1）他皮笑肉不笑的样子让人很讨厌。

（2）他皮笑肉不笑地跟大家打了个招呼。

3 万一遇到一个像我这样的客人……

"万一"，连词，表示可能性很小的假设，而且说话人一般不希望假设的事情发生。例如：

"万一", a conjunction, is used to indicate a very unlikely supposition and the speaker usually wishes it wouldn't come true. For example,

（1）别把钱都买了股票（stock），万一经济不好，我们就破产了。

（2）这是大家的决定，万一出了问题，也不能让他一个人负责任。

"万一"还可以做名词，指可能性很小的意外变化。例如：

"万一" can also be used as a noun. It refers to an accident which is almost impossible to happen. For example,

（3）多带几个人去，以防万一。

（4）他一夜没睡，随时准备着应付万一。

4 你一直低着头算怎么回事啊？

口语中常用"怎么回事"询问事情的原因。"回"用作限定事情的量词，前边常有"怎么、这么、那么"。"回"前一般不用数词；如果用，只限于"一"和"两"，表示特定意义（参见第7课注释3）。例如：

In spoken Chinese, "怎么回事" is often used to inquire about the reason. "回" is a classifier for "事情", and is often preceded by "怎么, 这么, 那么". Generally, no numeral is used before "回", if it is does used, the numeral is only limited to "一" and "两", expressing a specific meaning (see Note 3 in Lesson 7). For example,

（1）教室里一个人都没有，这到底是怎么回事？

（2）原来你说的是这么回事。

（3）他才十岁，篮球打得已经挺像那么回事了。

（4）这两篇文章谈的其实是一回事。

视听说练习 Exercises based on the video

看第一遍，做练习
Watch the video for the first time and do exercises

判断对错 True or false

1. 蔡教官是个和蔼可亲的人。   （   ）

2. 肖霆锋对大家的微笑都不满意。   （   ）

3. 肖霆锋对所有学员都一样表情严厉。　　　　　　（　　）

4. 罗薇宁把自己的电话号码给了肖霆锋。　　　　　　（　　）

5. 肖霆锋对罗薇宁的表现很不满意。　　　　　　　　（　　）

看第二遍，做练习
Watch the video for the second time and do exercises

一 选择与画线部分意思最接近的词语
Choose the answers that best reflect the meanings of the underlined words

1. 你看哪个客人<u>不顺眼</u>，你让人家退票吗？

   A. 觉得不漂亮　　　　B. 觉得不高兴　　　　C. 觉得不舒服

2. <u>我</u>对你非常着迷。

   A. 我特别喜欢你　　　B. 我很不了解你　　　C. 你让我很着急

3. 这是<u>起码</u>的礼貌。

   A. 重要的　　　　　　B. 一起的　　　　　　C. 基本的

4. 我很乐意为您<u>效劳</u>。

   A. 愿意成为您的朋友

   B. 愿意回答您的问题

   C. 愿意为您提供帮助

二 回答问题　Answer the following questions

1. 肖霆锋为什么要训练学员微笑？

2. 肖霆锋为什么不同意让蔡教官做乘客？

3. 肖霆锋对李如芸的态度怎么样？为什么？

4. 肖霆锋听了罗薇宁的回答是什么表情？为什么？

看第三遍，做练习
Watch the video for the third time and do exercises

一 填空　Fill in the blanks

我的意思是，你的_____不及格。她这样处理问题，不仅自己_____，还很容易让客人恼羞成怒。_____遇到一个像我这样的客人，啊，纠缠不休，你这趟航班就_____。还有，不管遇到什么情况，你都应该把头抬起来用眼睛_____说话。这是_____的礼貌。你一直低着头_____啊？来，抬起头，看着我。_____的，用眼睛看着我。_____咱们是朋友嘛。哎——这不好多了吗？要_____对方，啊。下去多练练。

二 配音练习　Role play

1. 看电影片段，扮演肖霆锋。
2. 看电影片段，扮演罗薇宁。

三 表达练习　Let's talk

你在乘坐飞机时，是否见到过像肖霆锋这样的乘客？空乘是如何处理的？如果你是空乘，遇到这样的乘客你会怎么处理？

04 惩罚训练

Training as a Punishment

生词 New words and expressions

1	买单	mǎidān	(动)	to pay the bill
2	阴魂不散	yīnhún bú sàn		the ghost lingers on, the evil influence remains
3	面熟	miànshú	(形)	to look familiar
4	醒酒	xǐng jiǔ		to sober up, to remove or dispel the effects of alcohol
5	老公	lǎogōng	(名)	(coll.) husband
6	烦	fán	(动)	to bother
7	端茶送水	duān chá sòng shuǐ		to serve tea or water
8	惩罚	chéngfá	(动)	to punish
9	胡椒	hújiāo	(名)	pepper
10	一夜之间	yí yè zhī jiān		overnight
11	规范	guīfàn	(形)	standard
12	用语	yòngyǔ	(名)	diction, wording
13	委屈	wěiqu	(动)	to wrong sb.
14	将就	jiāngjiu	(动)	to make do with, to put up with
15	头等舱	tóuděng cāng		first-class cabin
16	气流	qìliú	(名)	air current
17	颠簸	diānbǒ	(动)	to toss, to jolt

18	有礼有节	yǒu lǐ yǒu jié		polite and restrained
19	得意忘形	dé yì wàng xíng		to forget oneself in one's excitement
20	苍蝇	cāngying	（名）	fly
21	侮辱	wǔrǔ	（动）	to insult
22	造反	zàn fǎn		to rebel, to revolt

语言讲解 Notes on language points

1 你想**怎么喝就怎么喝**。

"疑问词+动词₁+就+疑问词+动词₂"结构连接两个小句，前者为后者设定条件，表示根据前者做后者。两个动词可以相同，也可以不同。例如：

The structure "QW+V_1+就+QW+V_2" links two clauses with the first setting up the condition for the action specified in the second. It is used to express "to do something accordingly". The two verbs can be either identical or different. For example,

（1）这件事该怎么办就怎么办。

（2）你随便看，喜欢什么就拿什么。

（3）你们来几个人，我们就给你们配几个人。

2 凭什么**我受委屈，啊？**

"凭什么"用于表示质问，意思是"根据什么，为什么"。例如：

"凭什么" is an idiom showing interrogation which means "whereby, why". For example,

（1）你凭什么不让我去？

（2）凭什么他要管咱们的事？

3 这**本来就是**你们的问题。

"本来+就+动"表示按道理就应该这样。动词部分必须用"应该、该、会、能"等助动词，或用"动+得（不）……"。例如：

"本来+就+V" means "without saying, of course". The verb here must be "应该, 该, 会, 能" etc. or "V+得（不）...". For example,

（1）他的病没好，本来就不应该去。

（2）他的汉语本来就说得不错，还用辅导？

视听说练习 Exercises based on the video

看第一遍，做练习
Watch the video for the first time and do exercises

判断对错 True or false

1. 罗薇宁、汪明慧、李如芸和肖霆锋一起喝酒了。　　　　　　（　　）
2. 在罗薇宁家，汪明慧和李如芸发现罗薇宁结婚了。　　　　　（　　）
3. 罗薇宁、汪明慧和李如芸因为喝醉酒而迟到了。　　　　　　（　　）
4. 肖霆锋故意增加训练难度，作为对迟到的惩罚。　　　　　　（　　）
5. 罗薇宁把肖霆锋发现的苍蝇打死了。　　　　　　　　　　　（　　）

看第二遍，做练习
Watch the video for the second time and do exercises

一 选择与画线部分意思最接近的词语
Choose the answers that best reflect the meanings of the underlined words

1. 这个人面熟。

　　A. 是个老熟人　　B. 看起来很熟悉　　C. 把面条煮熟了

2. 别烦我，让我再睡一会儿。

　　A. 生我的气　　B. 请我帮忙　　C. 让我讨厌

3. <u>凭什么</u>让我受委屈，啊？

    A. 为什么   B. 拿着东西   C. 有什么方法

4. 这<u>本来</u>就是你们的问题。

    A. 当然   B. 以前   C. 开始

二 回答问题　Answer the following questions

1. 李如芸她们为什么都去了罗薇宁家睡觉？

2. 第二天她们是怎么醒过来的？

3. 肖霆锋为什么要对她们进行惩罚训练？

4. 肖霆锋对罗薇宁的回答满意吗？为什么？

看第三遍，做练习
Watch the video for the third time and do exercises

一 表达练习　Let's talk

1. 肖霆锋是怎么对罗薇宁她们实施惩罚训练的？

2. 汪明慧她们对肖霆锋的惩罚训练满意吗？她们是怎么对付他的惩罚的？

二 配音练习　Role play

1. 看电影片段，扮演肖霆锋。

2. 看电影片段，扮演罗薇宁。

三 讨论　Discussion

三人一组，讨论你对肖霆锋的训练方式的看法。作为教官，他有哪些做法是可取的？哪些做法还可以进一步改进？

05 改变作风

Change the Style of Training

生词 New words and expressions

1	黑名单	hēimíngdān	（名）	blacklist
2	良心发现	liángxīn fāxiàn		to be plagued by a guilty conscience and one's better nature asserts itself
3	生硬	shēngyìng	（形）	stiff
4	死板	sǐbǎn	（形）	inflexible, rigid
5	更衣室	gēngyīshì	（名）	locker room
6	开眼界	kāi yǎnjiè		to see something amazing for the first time, to widen one's vision
7	过分	guòfèn	（形）	undue, excessive
8	明明	míngmíng	（副）	obviously, plainly
9	法西斯	Fǎxīsī	（名）	Fascist
10	作风	zuòfēng	（名）	style, way
11	抑郁症	yìyùzhèng	（名）	(of a medical condition) depression
12	台面	táimiàn	（名）	aboveboard, on the table
13	随机应变	suí jī yìng biàn		to adapt oneself to changing circumstances
14	蛮	mán	（副）	very
15	神经病	shénjīngbìng	（名）	neuropathy
16	惊险	jīngxiǎn	（形）	adventurous, breathtaking
17	严厉	yánlì	（形）	stern, severe
18	极端	jíduān	（名）	extreme, extremity

语言讲解 Notes on language points

1 这不<u>明明</u>画的我嘛这是。

"明明"，副词，表示显然如此或确实如此，下文常常转折。例如：

"明明" is an adverb which means "obviously, plainly". It is often followed by a turn in meaning in the latter part of the context. For example,

（1）这话明明是你说的，怎么转眼就不承认了呢？

（2）我明明把书放在桌子上了，怎么不见了呢？

2 李如芸的男朋友，觉得她<u>上不了台面</u>。

"上不了台面"，指一个人因为举止不够大方、言行不够得体等，不能出席正式的场合。例如：

"上不了台面" refers that a person doesn't behave himself properly for a formal occasion. For example,

（1）他这个人一点儿也上不了台面，明天的晚会就别请他了。

（2）他怎么这么上不了台面呀？

3 我老婆还是<u>蛮</u>优秀的。

"蛮"，很、挺。方言，口语。例如：

"蛮" is a colloquial dialect word which means "very". For example,

（1）我发现她这个人蛮聪明的。

（2）这道题蛮有意思的。

4 他是不是<u>有病</u>啊？

"有病"，这里是惯用语，指精神上、行动上有问题、不正常，而不是身体上的问题。用于表示对某人的行为不满意或不理解。例如：

"有病" is an idiom here, meaning that a person has mental or behavioral problems, but not health problems. It is used to express dissatisfaction or incomprehensibility towards someone's behavior. For example,

（1）别理他，今天晚上他有病！

（2）你怎么能这么跟父母说话呢？有病啊？

视听说练习　Exercises based on the video

看第一遍，做练习
Watch the video for the first time and do exercises

判断对错　True or false

1. 肖霆锋看到自己的画像非常高兴。 （　　）
2. 肖霆锋去女更衣室被别的学员发现了。 （　　）
3. 肖霆锋的变化很大。 （　　）
4. 大家对肖霆锋的改变感到很高兴。 （　　）

看第二遍，做练习
Watch the video for the second time and do exercises

一　选择与画线部分意思最接近的词语
Choose the answers that best reflect the meanings of the underlined words

1. 他是不是有病啊？
   A. 有特别的想法　　B. 精神不正常　　C. 身体不舒服
2. 你就开开眼界嘛！
   A. 长长见识　　B. 睁开眼睛　　C. 到处看看
3. 我老婆还是蛮优秀的。
   A. 很不优秀　　B. 不太优秀　　C. 非常优秀

二　回答问题　Answer the following questions

1. 肖霆锋为什么去找罗薇宁？
2. 汪明慧和李茹云有什么特殊的情况？
3. 肖霆锋准备让罗薇宁继续学下去吗？为什么？
4. 肖霆锋是怎么改变自己的态度的？

看第三遍，做练习
Watch the video for the third time and do exercises

一 表达练习　Let's talk

1. 请具体说一说肖霆锋到底有什么变化。

2. 你如何看待肖霆锋的变化？为什么？

二 辩论　Debate

全班分为两组进行辩论：教官对学员应该严厉一点儿还是亲切一点儿？

06

爱情误会

A Misunderstanding in Love

生词 New words and expressions

1	误会	wùhuì	（名）	misunderstanding
2	迈	mài	（动）	to stride
3	眨	zhǎ	（动）	to blink
4	克服	kèfú	（动）	to overcome, to conquer
5	蒙	méng	（动）	to cover
6	牵	qiān	（动）	to lead along (by holding one's hand, halter, etc.)
7	平衡木	pínghéngmù	（名）	balance beam
8	信赖	xìnlài	（动）	to trust, to count on

语言讲解 Notes on language points

1 眼睛**倒是**不眨了，怎么脸红起来了？

"倒是"用在前一个小句，表示让步，后一句常用"就是、可是、但是、不过"等呼应。两个小句之间的意思有所转折。例如：

"倒是" is used prior to a clause to show concession. "就是", "可是", "但是", "不过" etc. is often used in the following clause. There is a change in meaning between the two clauses. For example,

（1）这件衣服大小倒是挺合适的，就是颜色太深了。

（2）我倒是想和你们一起去，不过不知道明天有没有时间。

2　**我就知道**你会来的。

"我就知道"强调"我"相信或者早就料到了后面所说的事情。例如：

"我就知道" is used to emphasize "我" believe or have expected what is mentioned later. For example,

（1）我就知道你今天又没做作业。

（2）我就知道你不会同意的。

3　这**关你什么事情**啊？

"关你什么事情"，也说"关你什么事儿"、"不关你的事儿"，意思是这件事情和你没关系，你不要管。例如：

"关你什么事" means it has nothing to do with you, and can also be "关你什么事儿" or "不关你的事儿". For example,

（1）这是我自己的事儿，不关你的事儿。

（2）我想吃什么就吃什么，这关你什么事儿啊？

视听说练习 Exercises based on the video

看第一遍，做练习
Watch the video for the first time and do exercises

判断对错　True or false

1. 肖霆锋喜欢李如芸，所以给她单独辅导。　　　　（　　）

2. 李如芸改掉了眨眼睛的毛病。　　　　　　　　　（　　）

3. 李如芸喜欢上了肖霆锋。　　　　　　　　　　　（　　）

4. 罗薇宁对肖霆锋辅导李如芸的效果很满意。　　　（　　）

看第二遍，做练习
Watch the video for the second time and do exercises

一　选择与画线部分意思最接近的词语

Choose the answers that best reflect the meanings of the underlined words

1. <u>画得根本就不像</u>嘛。
   - A. 画得有一点儿不像
   - B. 画得一点儿也不像
   - C. 下边部分画得不像

2. <u>我就知道你会来的</u>。
   - A. 我知道你已经来了
   - B. 我已经知道你会来了
   - C. 我刚刚才知道你会来的

3. <u>这关你什么事情啊</u>？
   - A. 这和你没什么关系
   - B. 这和你有很大关系
   - C. 这和你有没有关系

二　回答问题　**Answer the following questions**

1. 李如芸为什么脸红？
2. 李如芸为什么觉得画像画得不像？
3. 肖霆锋为李如芸单独辅导，罗薇宁为什么生气？

看第三遍，做练习
Watch the video for the third time and do exercises

一　填空　**Fill in the blanks**

他细心又周到。为了让我_____紧张的毛病，他用领带_____我的眼睛，_____着我走过平衡木。哎，我真的就不害怕了。我觉得，他是我真正可以_____的人。哎呀，这个画像是谁画的，画得_____就不像嘛，这么难看，你看……

二　表达练习　Let's talk

1. 结合前面的电影内容，说一说李茹云对肖霆锋的感情变化。

2. 罗薇宁说"我……好，好好好，我走"，她本来想说什么？最后为什么不说？

三　讨论　Discussion

两人一组，帮助肖霆锋想一个办法，既可以拒绝李如芸，又不会伤害她。

07

解释误会
Explain the Misunderstanding

生词 New words and expressions

1	功劳	gōngláo	（名）	contribution, credit
2	跑单帮	pǎo dānbāng		to travel around trading on one's own
3	外婆	wàipó	（名）	grandmother, mother's mother
4	转移	zhuǎnyí	（动）	to shift, to transfer
5	型	xíng		model, type, pattern
6	听话	tīng huà		to be obedient

语言讲解 Notes on language points

1 你爸爸**不在**了吧？

"不在"即"不在人世"，是"死了"的委婉语。例如：

"不在" is the euphemism for "to die, to be dead". For example,

（1）他奶奶已经不在了。

（2）父母不在了，她也不想再回老家了。

"在"表示"活着"的时候常用"健在"。例如：

When "在" is used to mean "to be alive", it is often used as "健在". For example,

（3）李平的母亲去世了，父亲还健在。

2 **于是乎**，你进了学校，就把这种感情转移到我的身上了。

口语里"于是"常常说成"于是乎"。例如：

"于是乎" is an oral expression for "于是". For example,

（1）她喜欢中国文化，于是乎，那几个喜欢她的小伙子都学起了汉语。

（2）他觉得这种苹果很好吃，于是，他又吃了一个。

3 爸爸和哥哥是两回事。

"两回事"，指彼此无关的两种事物。也说"两码事"。例如：

"两回事" means two entirely different things. It can also be "两码事". For example,

（1）他们俩说的是两回事，不是一回事。

（2）这完全是两码事。

4 也是那种大哥哥型的。

"型"，类型。例如：大型、新型，脸型、血型。其中，"形容词+型"一般作定语。例如：

"型" means type or style. For example, 大型, 新型, 脸型, 血型. "Adj.+型" is normally used as an attributive. For example,

（1）我们学校将举办一场大型新年晚会。

（2）我很喜欢这种新型照相机。

视听说练习 Exercises based on the video

看第一遍，做练习
Watch the video for the first time and do exercises

判断对错 True or false

1. 肖霆锋打算不再给李如芸单独辅导。　　　（　　）

2. 肖霆锋告诉李如芸自己的爱人以前做生意。　　（　　）

3. 肖霆锋对李如芸家的情况很了解。　　　（　　）

4. 肖霆锋希望李如芸能继续跟她自己的男朋友在一起。　（　　）

看第二遍，做练习
Watch the video for the second time and do exercises

一 选择与画线部分意思最接近的词语
Choose the answers that best reflect the meanings of the underlined words

1. 你爸爸不在了吧？

   A. 出差了　　　　　B. 出去了　　　　　C. 去世了

2. 我爸身体好着呢。

   A. 我爸爸身体非常好

   B. 我爸爸以前身体不好

   C. 我爸爸身体已经好了

3. 爸爸和哥哥是两回事。

   A. 爸爸和哥哥是两个人

   B. 爸爸和哥哥完全不一样

   C. 这件事爸爸和哥哥说过两回

二 回答问题　Answer the following questions

1. 肖霆锋为什么要结束对李如芸的单独辅导？

2. 李如芸喜欢肖霆锋，她告诉他了吗？她是怎么说的？

3. 李如芸爸爸的身体怎么样？李如芸是怎么回答的？

4. 李如芸是跟谁一起长大的？哥哥呢？

看第三遍，做练习
Watch the video for the third time and do exercises

一 表达练习　Let's talk

1. 肖霆锋是如何处理爱情误会的？

2. 肖霆锋说："千万不要伤害一个真正爱你的大哥哥。"你觉得他是在说郭声发还是在说自己？

二 配音练习　Role play

1. 看电影片段，扮演李如芸。

2. 看电影片段，扮演肖霆锋。

08

打抱不平

Stand up for Her

1	打抱不平	dǎ bàobùpíng	to defend sb. against an injustice
2	新婚燕尔	xīnhūn yàn'ěr	happy wedding couple, newly-weds
3	肉麻	ròumá (形)	nauseating
4	赏光	shǎng guāng	(polite) to invite sb. to a party, meeting, etc.
5	进餐	jìn cān	to dine, to take a meal
6	无家可归	wú jiā kě guī	homeless
7	凶巴巴	xiōngbābā (形)	forbidding
8	职务	zhíwù (名)	post, position
9	之	zhī (助)	(*possessive particle*) of
10	假公济私	jiǎ gōng jì sī	to use public office for private gain
11	想入非非	xiǎng rù fēifēi	to have one's head in the clouds
12	况且	kuàngqiě (连)	besides, in addition, moreover
13	格外	géwài (副)	extraordinarily
14	神魂颠倒	shénhún diāndǎo	head over heel, to be crazy about
15	拉扯	lāchě (动)	to drag sb./sth. (into)
16	总之	zǒngzhī (连)	in a word, in short, in brief
17	穿小鞋	chuān xiǎoxié	to make things hard for sb.
18	转正	zhuǎn zhèng	to become a regular worker
19	无所谓	wúsuǒwèi (动)	to be indifferent

20	用不着	yòng bu zháo		there is no need to, it is not worthwhile to
21	威胁	wēixié	（动）	to threaten, to menace
22	好样的	hǎoyàng de		great fellow
23	欺负	qīfu	（动）	to bully
24	暴君	bàojūn	（名）	tyrant

语言讲解 Notes on language points

1 况且你对她也是格外地关照。

"况且"连词，表示进一步申述理由或者追加理由。常和"又、也、还"等配合使用。例如：

"况且" indicates that the following is a further or additional reason. It is often used together with "又, 也, 还", etc. For example,

（1）那个地方你不熟悉，况且你又不会汉语，最好不要一个人去。

（2）这件衣服很漂亮，况且也不贵，你就买一件吧。

2 总之，要是小罗拒绝你什么要求，……

"总之"，总括起来说。它表示下文是总括上文的总结性的话。例如：

"总之" means "in a word; in short; in brief". It indicates that the following is a summary remark. For example,

（1）对于这件事，有的人赞成，有的人反对，总之，每个人都有自己的看法。

（2）韩国同学、日本同学、美国同学、欧洲同学，总之，我们班所有的人都很喜欢张老师。

在本课中，"总之"表示概括性的结论，含有"反正"的意思。例如：

Here "总之" indicates a general conclusion. It means "anyway". For example,

（3）详细地址记不清了，总之在北京电视台附近。

（4）不管你说什么，总之我不同意你这种做法。

3 你故意给她小鞋穿。

一般把上级对下级或人与人之间进行打击报复叫作穿小鞋。例如：

"穿小鞋" means "give sb. tight shoes to wear" literally. It is used to describe making things hard for somebody by abusing one's power or deliberately putting somebody to trouble. For example,

（1）他看谁不顺眼，就喜欢给谁穿小鞋。

（2）他是领导，我不敢得罪他，怕他给我小鞋穿。

4 我？我无所谓。

"无所谓" 意思是 "不在乎，没什么关系"。例如：

"无所谓" means "to be indifferent; to care nothing". For example,

（1）今天去还是明天去，我都无所谓。

（2）衣服旧点儿无所谓，只要干净就行。

"无所谓" 还可以表示 "没有什么可以叫做"。例如：

"无所谓" can also mean "cannot be designated as; not deserve the name of". For example,

（3）我们都是一家人，无所谓你的我的。

（4）昆明的天气全年都差不多，无所谓春夏秋冬。

有时候，"无所谓" 后面的宾语也可以是 "A不A"，A是形容词或者名词。例如：

Sometimes, the object after "无所谓" can also be "A不A". A can be an adjective or a noun. For example,

（5）这是工作服，无所谓好看不好看。

（6）我在写毕业论文，无所谓假期不假期。

5 好样的，好样的。

习惯用语，用于夸奖人有骨气、有胆量或有能力。例如：

It is an idiom which is used to praise sb.'s moral integrity, courage, or ability. For example,

（1）这些警察个个都是好样的。

（2）这孩子，这么小就敢抓小偷，真是好样的！

视听说练习 Exercises based on the video

看第一遍，做练习
Watch the video for the first time and do exercises

判断对错 **True or false**

1. 肖霆锋送花给罗薇宁，是因为他无家可归。 （　　）
2. 罗薇宁不接受肖霆锋的鲜花。 （　　）
3. 汪明慧去找肖霆锋是为了帮助李如芸。 （　　）
4. 汪明慧认为肖霆锋对罗薇宁想入非非。 （　　）
5. 肖霆锋拒绝接受汪明慧的批评。 （　　）

看第二遍，做练习
Watch the video for the second time and do exercises

一 选择与画线部分意思最接近的词语

Choose the answers that best reflect the meanings of the underlined words

1. 看在咱们<u>新婚燕尔</u>的分上……
   A. 结婚不久就离婚了
   B. 刚结婚就分开住了
   C. 刚结婚的夫妻感情

2. 他这个人整天<u>凶巴巴</u>（的）。
   A. 很严肃　　　B. 很害怕　　　C. 很吓人

3. 你去跟他<u>有什么好说的</u>？
   A. 没有话可说　　B. 想说些什么　　C. 好好地说说

4. 况且<u>你对她也是格外地关照</u>。
   A. 你特别照顾她
   B. 你有时候照顾她
   C. 你一点儿也不照顾她

5. 故意给她小鞋穿。

    A. 给她一双很小的鞋

    B. 让她穿很小的鞋

    C. 给她制造麻烦

二　回答问题　Answer the following questions

1. 肖霆锋摸出一束鲜花给罗薇宁后，罗薇宁是怎样表现的？

2. 汪明慧进来后，罗薇宁为什么把鲜花扔掉？

3. 汪明慧为什么来找肖霆锋？

4. 肖霆锋为什么说汪明慧"好样的"？

看第三遍，做练习
Watch the video for the third time and do exercises

一　填空　Fill in the blanks

_____乘务队长，我有几句话要跟你说。

从一开始，您对小罗就不_____。我也是做过领导的，_____过这样的事情。你严格_____我们，我们没有意见。但是你不能利用_____之便，借工作之名，借工作之名……

李如芸喜欢你，我们大家都知道。_____你对她也是格外地关照。小姑娘已经神魂颠倒了，现在你又跟小罗来_____。作为领导，作为老师，你认为_____吗？

二　表达练习　Let's talk

看电影片段，然后用自己的语言复述汪明慧的话。

三　讨论　Discussion

你怎么看待汪明慧替罗薇宁打抱不平这件事？如果你是汪明慧，你会替罗薇宁打抱不平吗？为什么？

09

真相大白
The Truth Comes out

生词 New words and expressions

1	真相大白	zhēnxiàng dà bái		the truth comes out
2	舷梯	xiántī	（名）	accommodation ladder, gangway
3	闹	nào	（动）	to make a noise, to disturb
4	私有	sīyǒu	（形）	private, privately owned
5	财产	cáichǎn	（名）	property
6	侵犯	qīnfàn	（动）	to infringe, to violate
7	居然	jūrán	（副）	unexpectedly

语言讲解 Notes on language points

▣ 我们居然不知道。

"居然"表示出乎意料。它可以指本来不应该发生的事情竟然发生了。例如：

"居然" means "unexpectedly". It can refer to the occurrence of unexpected things. For example,

（1）事情才过去几天啊？你居然忘了。

（2）我们都认为他会答应做班长，可是他居然不肯。

也可以指本来不可能发生的事情竟然发生了。例如：

It can also refer to the occurrence of impossible things. For example,

（3）居然有这样的事？我不相信。

（4）昨天下那么大的雨，你居然不知道？

还可以指本来不容易做到的事竟然做到了。例如：

It can refer to the realization of difficult things. For example,

（5）他们俩性格完全不同，居然成了最好的朋友。

（6）所有的问题居然都答对了，真不容易。

视听说练习 Exercises based on the video

看第一遍，做练习
Watch the video for the first time and do exercises

填空 Fill in the blanks

罗薇宁：别闹了！都别闹！站好。等一下儿啊！让开，让开。他是我老
　　　　公，_____财产，不得侵犯。

汪明慧：不会吧？你没_____我吧？

李如芸：怎么会？

汪明慧：就是啊！

肖霆锋：队长，_____是真的。没给大家_____。

汪明慧：我们_____不知道。

李如芸：好啊，罗薇宁，你都不告诉我，你_____我了。

看第二遍，做练习
Watch the video for the second time and do exercises

表达练习 Let's talk

大家知道罗薇宁和肖霆锋是夫妻后有什么反应？请用自己的话说一说。

10 综合练习
Comprehensive Exercises

一 把所给词语放在合适的位置
Put the given words in proper places

1. 你A最近B怎么C是D迟到啊？ （老）
2. A不是你B告诉我，我还真不知道C今天下午D有比赛。 （要）
3. 不管A遇到什么困难，B我们C要想办法D解决。 （都）
4. A你刚才说的话，B我C没听见D。 （的确）
5. A我B知道你C不会D不帮助我的。 （就）
6. A我B不知道C这件事D。 （根本）
7. 我A对B这个地方C还D比较熟。 （算是）
8. A我B感受到的不C快乐，还有轻松。 （只是）

二 选择正确答案　Multiple choice

1. 他昨天说要去云南旅游，今天早上就出发了。真是想_____一出是一出。
   A. 到　　　　　　B. 起　　　　　　C. 出

2. _____你答应了他，就一定要去。
   A. 既然　　　　　B. 即使　　　　　C. 尽管

3. 不管你去不去，_____我不去。
   A. 都　　　　　　B. 也　　　　　　C. 反正

4. 看_____我们是好朋友的分上，你就原谅她一回吧！
   A. 到　　　　　　B. 在　　　　　　C. 来

5. 我不能告诉你答案，否则_____其他同学不公平。
   A. 对　　　　　　B. 比　　　　　　C. 跟

6. 他这个人没见过世面，一点儿也_____不了台面。
   A. 下　　　　　　B. 去　　　　　　C. 上

7. 这件衣服的颜色很_____你！
   A. 合适　　　　　B. 适合　　　　　C. 适应

8. 他是他，我是我。我们是两_____事。
    A. 回   B. 件   C. 个

三 选择合适的词语填空

Fill in the blanks with proper words

于是 由衷 针对 格外 居然 故意 赶紧 平时 充实 由于

1. 为了_____自己的业余生活，他每周都打两次羽毛球。

2. 电影马上就要开演了，我们_____走吧！

3. 你们_____晚上都在哪儿吃饭啊？在食堂吃还是自己做？

4. 她明明听见我叫她了，可是她_____装作没听见。

5. 她总是在我最困难的时候帮助我，我_____地感谢她。

6. _____环境保护问题，他们进行了长时间的讨论。

7. 她_____喜欢这条裙子。

8. 这么有名的地方，你_____不知道？

四 用所给词语完成句子

Complete the following sentences with the given word

1. A：你打算去哪儿留学？
   B：我想去中国留学，_____。（至于）

2. A：_____，请你帮我向老师请个假。（万一）
   B：没问题！

3. A：大夫，我的腿怎么样？
   B：骨头受伤了，_____。（起码）

4. A：你们是老朋友吗？
   B：我昨天才认识他的，_____。（并）

5. A：听说你对京剧很着迷？你给我们唱一段吧。
   B：_____。（根本）

6. A：你的新房间怎么样？大不大？
   B：_____，就是有点儿旧。（倒）

7. A：你昨天怎么也没来上课啊？
   B：他生病了，自己去不了医院，_____。（于是）

8. A：我们一起去逛街吧？
   B：我不喜欢逛街，_____。（况且）

11

《女人的天空》学习文本

Annotated Text of *FLOWERS IN THE CLOUD*

▶ 大厅里

郭声发：你看、你看、你看，又眨眼睛了，你
这毛病到底什么时候能改？

李如芸：我……我怕我改不了了。这个……这
个还给你。我不去了。

郭声发：这是个机会！我让你去考空乘，只是
想让你增加自信心，将来也不一定干
空乘啊。你看你，你看你，你挺漂亮
个女孩，又不是坏分子，老低着头干
什么！抬起来，抬起来！抬起来！

1 眨 zhǎ（动）
to blink

2 空乘 kōngchéng（名）
steward or stewardess

3 自信 zìxìn（形）
self-confident

4 分子 fènzǐ（名）
person with a particular trait

▶ 操场上

小女孩：方向哥哥，你画得真好看。

方　向：小意思。

小女孩：方向哥哥，你可以把我画到里面去吗？

方　向：你知道我画的是什么？我画的是外星
人打仗的故事。你知道吗？

小女孩：方向妈妈好！

汪明慧：你好！

5 小意思 xiǎoyìsi（名）
a mere trifle, something very
easy to do

6 外星人 wàixīngrén（名）
extraterrestrial being (ET)

7 打仗 dǎ zhàng
to fight a battle

▶ 马路上

汪明慧：那个女孩子你认识她吗？她是你们班
上的吧？和认识不认识的女孩子都说
话，唯独不和妈妈说话。

8 唯独 wéidú（副）
only, alone

▶ 肖霆锋家里

肖霆锋：哎，你说这种照片总感觉特别傻。

罗薇宁：你傻，我还行。哎，你看我，帅不帅？

肖霆锋：嗯，帅呆了，酷毙了。

罗薇宁：别老学港台电视剧那一套。

肖霆锋：哎，我说你去赶紧脱下来。我刚从洗衣店拿回来，明天我还要用呢，啊。

罗薇宁：哎，我考虑要重新出山了。

肖霆锋：嗯？要做什么生意啊？

罗薇宁：你们女空乘的制服好不好看？

肖霆锋：还可以。紫红色的，挺帅的，还配一小帽儿。

罗薇宁：你看。

肖霆锋：宁宁啊，（笑）宁宁啊，你听我说啊，别想起一出是一出，啊？你听我说，听我说，在家踏踏实实的，好不好？

罗薇宁：别说了。

肖霆锋：咱们可都说好了的，对不对？

罗薇宁：哎呀，不说了，不说了。

肖霆锋：哎，你听我说。哎，硌得慌，硌得慌，哎，疼！

罗薇宁：不疼。

▶ 面试现场

罗薇宁：对不起啊，对不起啊！

李如芸：没关系。

汪明慧：看，你照着她的样子填。她填得对的，你千万不要填错了啊。

背景声：哎，考官来了！

肖霆锋：今天应考的估计有一百多人。明天也一百多人。素质还可以，有个别是

---

1 出山 chū shān
take up a post or task

2 制服 zhìfú（名）
uniform

3 紫红色 zǐhóngsè（名）
amaranth, fuchsia

4 配 pèi（动）
to match

5 踏实 tāshi（形）
dependable, surefooted

6 硌 gè（动）
(of sth. hard or bulging)
to press or rub against one

7 得慌 de huang
to a certain degree

8 千万 qiānwàn（副）
(used in earnest entreatment,
exhortation, etc.) must

9 考官 kǎoguān（名）
examiner

10 应考 yìngkǎo（动）
to take an exam

11 素质 sùzhì（名）
quality

工人，还有应届毕业生。请！来来来，把表格都放在桌上。好，谢谢，谢谢。

领　　导：看着这些都不行啊。

肖霆锋：领导说这批就算了。

蔡　　敏：请大家交完表格就先离开考场啊。

汪明慧：哎哎，哎！你这是什么意思啊？一个都不要啊？

肖霆锋：你……你是谁啊？

汪明慧：我是带她们来考的。

肖霆锋：哦。

蔡　　敏：这位小姐，你们还是先离开考场吧。最后是不是录取，我们会发通知给每个应聘人的。

汪明慧：我知道，就是不要我们了。走吧！

领　　导：哎，这个人很有个性，形象也不错啊。

肖霆锋：嗯。

蔡　　敏：下一组。

肖霆锋：你，你叫什么名字？

汪明慧：干什么？

女工们：她是我们领导。

肖霆锋：哦。你为什么自己不试试呢？

汪明慧：我很忙。来，我们走吧。

肖霆锋：什么也没问出来。她们就说她是她们的领导。
没事，没事，没事。

领　　导：请你们谈谈报考空乘的理由。

考生A：我对原来的工作不太满意，我想换一个工作。

考生B：我刚从学校毕业，我想通过这次机会来锻炼一下自己。

---

1. 应届　yìngjiè（形）
   this year's
2. 表格　biǎogé（名）
   form, table
3. 考场　kǎochǎng（名）
   examination hall
4. 录取　lùqǔ（动）
   to matriculate
5. 应聘　yìngpìn（动）
   to apply for some position, job or offer
6. 个性　gèxìng（名）
   individuality, personality
7. 报考　bàokǎo（动）
   to enter oneself for an examination

1 浪漫 làngmàn（形）
romantic

2 从小 cóngxiǎo（副）
since childhood

3 梦想 mèngxiǎng（动）
to dream of

4 合格 hégé（形）
eligible, qualified

5 充实 chōngshí（形）
rich, substantial

6 运气 yùnqi（名）
fortune

7 深思熟虑 shēn sī shú lǜ
to think over carefully

8 心血来潮 xīnxuè lái cháo
to be prompted by a sudden
impulse

9 全力 quánlì（副）
with full effort

10 乘务员 chéngwùyuán（名）
attendant in means of
transportation

11 至于 zhìyú（连）
as for, as regards

12 培养 péiyǎng（动）
to foster, to rear, to train

13 化妆 huà zhuāng
to make up

14 仪态 yítài（名）
bearing, deportment,
posture

15 难怪 nánguài（副）
no wonder

16 点子 diǎnzi（名）
idea

考生C：空乘是一个浪漫的职业，我从小就梦想成为一名空姐。

考生D：我来应聘空乘，是因为它的工资比较高，工作环境也舒适、干净。

罗薇宁：我来应聘，第一是因为，我觉得我有能力成为一个合格的空乘；第二，我想做一些具体、有意义的事情，让我的生活能够充实起来。我叫罗薇宁，今年26岁，未婚。

肖霆锋：这位小姐，很多考生都是来试试运气。你是不是啊，啊？

罗薇宁：我是经过深思熟虑才来的，绝对不是心血来潮。虽然，我没有和我家里人商量过，但是我相信，他们都会全力支持我的。

肖霆锋：你有什么理由相信你自己，能成为一个合格的空乘？

罗薇宁：我有绝对的自信我才来的。而且，由于一些特殊原因，我对空中乘务员还算是比较了解。至于，我要怎么样才能成为一个合格的空乘，那还需要我今后的努力，和——您的培养。

领　导：哎，你看怎么样？

肖霆锋：啊？（笑）你们看，你们看，啊。

蔡　敏：我觉得这个人非常好。

肖霆锋：是吗？

罗薇宁：哎呀，你看看你们，一个个妆化成那样，又不注意仪态，难怪你们考不上。

汪明慧：就是，就是。哎，小姐，你挺有经验的，帮我们出出点子好吗？

罗薇宁：你们回去准备准备，再来考第二次不就完了吗？

蔡　敏：好，下一组。

女工们：还能考第二次啊？

汪明慧：还有第二次啊？

罗薇宁：你们没有看单子吗？又没有说不能考
　　　　第二次，对不对？

汪明慧：对对对。小姐，你帮我们辅导一下好
　　　　吗？你看她们都没有经验。

罗薇宁：（笑）我没时间啊。

▶ 肖霆锋家里

罗薇宁：哎，我今天怎么样啊？

肖霆锋：优秀，出色，好极！

罗薇宁：真会说话。

肖霆锋：考着玩玩已经相当不错了。前四名，
　　　　没问题。

罗薇宁：那你们有没有规定，说主考官或者主
　　　　教官的太太不可以考空乘呢？

肖霆锋：没有没有，到时候就是个复试。

罗薇宁：只要你不制造人为障碍，我肯定能考
　　　　上空姐。

肖霆锋：你能你能你能！赶紧吃吧，啊。哎，
　　　　要帮忙吗？

罗薇宁：不用了！哎，你累了，来，你坐你坐。

肖霆锋：哎，我在考场上帅吧？

罗薇宁：帅呆了！

肖霆锋：耶！酷吗？

罗薇宁：酷毙了！

肖霆锋：什么呆呀酷了，都是港台电视剧那一
　　　　套。哎，不过我的确形象不错，进
　　　　考场前我照过镜子。你还没看到我
　　　　当年，飞的时候呢。我坐在驾驶舱
　　　　上，多少人崇拜我。

1　出色 chūsè（形）
outstanding, remarkable

2　主 zhǔ（形）
principal

3　教官 jiàoguān（名）
drillmaster, instructor

4　复试 fùshì（名）
second round of exams

5　人为 rénwéi（形）
artificial, man-made

6　障碍 zhàng'ài（名）
barrier, obstacle

7　驾驶舱 jiàshǐcāng（名）
cockpit

8　崇拜 chóngbài（动）
to adore, to worship

1 翱翔 áoxiáng（动）
to hover, to soar in the sky

2 双宿双飞 shuāng sù
shuāng fēi
to fly together, to be together

罗薇宁：听你这么一说，我真想和你一起翱翔
　　　　在祖国的蓝天上。

肖霆锋：多好啊！什么意思啊？

罗薇宁：啊？呵呵，没什么意思，就是双宿双
　　　　飞的意思。吃饭了，吃饭了。

▶ **电话中**

李如芸：喂，请问，声发在吗？

郭的家人：哦，是阿芸啊。哎，声发不是说陪
　　　　　你去考空姐了吗？初试结束了？

3 初试 chūshì（名）
first round of exams

▶ **汪明慧的工厂**

罗薇宁：怎么样？

▶ **面试现场**

肖霆锋：就这样吧，啊。

汪明慧：怎么又一个都不要？我看她们长得都
　　　　很好。仪态，她们今天走得也很好，
　　　　而且我们专门请人教过，你们是怎么
　　　　回事情？

4 评估 pínggū（动）
to evaluate

5 遗憾 yíhàn（形）
regretful, sorry

6 招聘 zhāopìn（动）
to invite application for a job

7 讨价还价 tǎo jià huán jià
to haggle over price,
to bargain

肖霆锋：不要激动，不要激动啊！这位小姐不
　　　　要激动。我们选择空乘的标准啊，是
　　　　评估每个考生的综合素质。这几位小
　　　　姐呢，的确，不适合我们的要求。非
　　　　常遗憾，非常遗憾，啊！不过我们几
　　　　位考官倒认为，你可以来试一试。

汪明慧：我不是来考空乘的。哎，不过要我考
　　　　也可以，你在她们中间选几个！

蔡　敏：哎，这位小姐啊，招聘考试可不是讨
　　　　价还价啊。

汪明慧：我就知道。走！

女工们：汪姐，就真的走了？

汪明慧：他们不要，是他们的损失。哎，厂长！

女工们：厂长，你怎么来了？

厂　长：明慧啊，昨天招聘处想招你当空乘，这么好的消息你为什么不告诉我呢？

汪明慧：厂长，当初我们已经说好了，我不参加招聘，我不想改行啊。

厂　长：哎，我就是怕你不来，所以让你带队。这次意义重大。你如果考上了，就是我们厂的光荣啊！

肖霆锋：对啊，你们领导说得非常对。她的条件很好。我们公司领导呢，希望你能参加考试，而且录取的可能性非常大。

厂　长：哎，你看，考官都那么说了吧，赶快去填表。

汪明慧：厂长！

▶ 医院里

医　生：你是不是，对他管得很严啊？

汪明慧：嗯。

医　生：他父亲呢？是不是也对他管得很严呢？啊，单亲家庭，啊。你这个孩子啊，他有抑郁症的倾向。

汪明慧：不可能。他还是个孩子。

医　生：你孩子这样，心里难过，我也理解，好吧？但是呢，问题关键，还不在医院，最重要的事情，还得你来做。你不要老让他感觉你只是一个母亲，你也可以跟他交朋友嘛，对不对？不要太严厉，好吧？家里，居住条件还可以吧？

汪明慧：哦，是老式房子，有两间。

1 厂长 chǎngzhǎng（名）factory director

2 当初 dāngchū（名）in the first place, originally

3 改行 gǎi háng to change one's occupation

4 严 yán（形）strict

5 单亲 dānqīn（形）single parent

6 抑郁症 yìyùzhèng（名）(of a medical condition) depression

7 倾向 qīngxiàng（名）tendency, trend

8 严厉 yánlì（形）stern, severe

9 居住 jūzhù（动）live, dewell

医　生：那还行，有一个独立空间对孩子有好处。

汪明慧：我们住一间房间。

医　生：怎么能一起住呢？回去马上分开。啊？

▶ **汪明慧家里**

汪明慧：你一个人住，好像很开心啊？方向，你是喜欢和妈妈住还是自己住啊？你要么点头要么摇头，不表态，你给我抱回去。

方　向：自己住。

▶ **面试现场**

工作人员：那个人来了。

肖霆锋：谁啊？哦，你好！

考生A：你好！

蔡　敏：请你们每个人先做个自我介绍。

考生B：我叫刘云，今年18岁，在银度艺校学习。

肖霆锋：你好。

汪明慧：你好，你好。

肖霆锋：来了啊。

汪明慧：嗯，我不知道怎么个考法。

肖霆锋：没关系。我们公司领导认为啊，你可以直接进入复试。

汪明慧：啊？

肖霆锋：啊！

考生C：我叫陆敏，今年22岁，是卖体育彩票的。

蔡　敏：你的眼睛有什么问题吗？

李如芸：我……我这几天沙眼。

蔡　敏：是真的吗？

1 开心　kāixīn（形）
　happy

2 表态　biǎo tài
　to commit oneself

3 彩票　cǎipiào（名）
　lottery ticket

4 沙眼　shāyǎn（名）
　trachoma

李如芸：嗯！真的是沙眼。

蔡　敏：那你可得抓紧治疗，初试完了还有复
　　　　试呢。

领　导：那回去等通知吧。

李如芸：啊，好。

▶ 工厂里

女　工：下班啦？

汪明慧：嗯，先走了啊。

女　工：再见。

厂　长：明慧，明慧。

汪明慧：厂长。

厂　长：录取通知单。

汪明慧：什么啊？

厂　长：你是我们厂的光荣，感谢你、祝贺你，
　　　　祝贺你、祝贺你！

汪明慧：哎哎，厂长，好了好了。你怎么了嘛？

厂　长：这么大的喜事你怎么不高兴啦？

汪明慧：唉。

▶ 肖霆锋家里

肖霆锋：回来了！

罗薇宁：哈，你以为，你把它藏起来我就找不
　　　　到了吗？

肖霆锋：什么东西啊？

罗薇宁：哈！星期三报到！

肖霆锋：我说你这一天干什么了？也不收拾收
　　　　拾。别以为考试通过了，就当上了空
　　　　乘，啊。我做你们的主教官。训练不
　　　　合格，乖乖地，回家地干活。我说了
　　　　算。

罗薇宁：威胁，你这是在威胁我。这是你的家

1　治疗 zhìliáo（动）
　to cure

2　喜事 xǐshì（名）
　happy event, joyous occasion

3　乖 guāi（形）
　well-behaved

4　威胁 wēixié（动）
　to threaten, to menace

1 砖 zhuān（名）
brick

2 瓦 wǎ（名）
tile

3 装潢 zhuānghuáng（名）
decoration

4 摆设 bǎishe（名）
objects on display, ornaments

5 一点一滴 yì diǎn yì dī
little by little

6 财产 cáichǎn（名）
property, assets

7 公证 gōngzhèng（名）
notarization

8 吃苦 chī kǔ
to bear hardships, to suffer

9 打赌 dǎ dǔ
to make a bet

10 纳粹 Nàcuì（名）
Nazi

11 集中营 jízhōngyíng（名）
concentration camp

12 指望 zhǐwang（动）
to pin hope on

13 徇私情 xùn sīqíng
to be swayed by personal
considerations

14 单身 dānshēn（形）
unmarried, single

15 丑恶 chǒu'è（形）
ugly, vile, hideous

16 暴露 bàolù（动）
to reveal, to expose

17 死心 sǐ xīn
to abandon idea
altogether, to cherish no
more illusions

啊？这是我的家！这一砖一瓦，到装潢到小摆设，都是我一点一滴弄起来的。哼，还好我做了财产公证。嗨，我的家！

肖霆锋：我没威胁你。我知道你吃不了这苦，也坚持不到最后。

罗薇宁：我跟你打赌，就算是纳粹集中营，我也能站着进去，站着出来。

肖霆锋：别指望徇私情，啊！

罗薇宁：别徇，你千万别徇。干脆，你别把我当你太太。

肖霆锋：我没法把你当我太太啊！你表格上填的是未婚，对吧？我当然是单身了。嘿，嘿……

罗薇宁：哈，丑恶思想大暴露！我就知道你还不死心。前两天还对我低三下四的，一领证，你就变脸了，还真快。

肖霆锋：谁低三下四了，啊？我说我买房子吧，你说非要住你的。两层楼，小气！起码也得三层啊，孩子怎么办？是不是啊？什么你的我的，叫人伤不伤心啊。罗薇宁，我告诉你，你就不踏实，你就早晚要……干什么？

罗薇宁：什么意思，你什么意思吗？我跟你还是新婚！

肖霆锋：好好好，试试看试试看。到时候别来求我，啊。

罗薇宁：谁求谁还不知道呢。

肖霆锋：我就不明白，你为什么非要去当这个空乘。你说待在家里不挺好吗？如果觉得闷，有什么生意接着做嘛。

罗薇宁：当初我们结婚的时候，你叫我退出商业圈，我做到了。我现在每天在家里，就是约你约她，求人家陪我吃饭。要不然呢，就是翻通讯录，乱拨电话。忙来忙去，就是为了找人陪我说说话，你知道吗？

肖霆锋：嗯。

罗薇宁：还有啊，我不想被你养着。

肖霆锋：归根结底，不是良家妇女啊。

▶ 酒店里

中国朋友A：录取通知书。

外国朋友：录取通知书。这是不是说，她得到这份工作呢？

中国朋友A：对。

中国朋友B：如芸，你真是太不容易了，恭喜你啊！

中国朋友C：照这么说，我们今后坐飞机啊，盒饭可以吃双份的了。

郭声发：你想得美。这才刚开始啊，我听说，可是三分之一的人要被淘汰，就你这样，我看连一半都不行。

外国朋友：Miss Li, you can do it.

中国朋友A：说国语。

外国朋友：好。李小姐，你可以的。做给大家看看，做给小郭看看。

郭声发：做给我看干什么啊？要做也是给自己做，是不是？哎，出息点儿，表个态，算是第一步。你根本就不行。你看你这副样子，真让人一点儿信心都没有。

中国朋友D：李如芸你别理他，他就这脾气。

1 低三下四 dī sān xià sì
humble, subservient

2 变脸 biàn liǎn
to suddenly turn hostile

3 非 fēi（副）
have to

4 小气 xiǎoqi（形）
stingy, not generous, miserly

5 起码 qǐmǎ（副）
at least

6 早晚 zǎowǎn（副）
sooner or later

7 归根结底 guī gēn jié dǐ
in the final analysis

8 良家妇女 liáng jiā fùnǚ
good woman

9 盒饭 héfàn（名）
box lunch

10 想得美 xiǎng de měi
You wish!

11 淘汰 táotài（动）
to eliminate through selection or competition

12 国语 guóyǔ（名）
Mandarin, Common Speech

13 出息 chūxi（动）
to progress

14 理 lǐ（动）
to pay attention to

1 一溜烟 yíliùyān
(to run away) swiftly, quick
as a wisp of smoke

2 行不通 xíngbutōng
won't work

3 学员 xuéyuán（名）
student

4 小子 xiǎozi（名）
fellow

5 凶 xiōng（形）
fierce, terrible

6 耳机 ěrjī（名）
earphone

7 口令 kǒulìng（名）
word of command

外国朋友：Miss Li，喝酒喝酒，啊。

中国朋友C：看什么？跑了，一溜烟跑了。

中国朋友B：拉也拉不住。小郭啊，我看这方法
肯定行不通。

郭声发：我是什么办法都想过了。剩下的，
就看她自己了。

中国朋友B：那你就真的什么都不管了？

施宇：声发，声发，声发，好久不见了。
哟，这么多朋友啊。

郭声发：这是我中学同学施宇。

施宇：哎，声发，介绍一下，哪个是你女
朋友？

中国朋友D：她走了。

施宇：哎，她走了？你让我明天一个一
个学员找过来啊，啊？

▶ 训练场

肖霆锋：你小子来那么早干什么？啊？都来了
啊。都到齐了吗？啊？咱们集合吧。
啊？来来，你们两个站下去，好吧？
站好了！下去！

学　员：这么凶啊！

肖霆锋：把你眼镜给我摘掉。耳机关了！

学　员：哪个单位的？干吗啊？这么凶！

肖霆锋：来来来，站队！

学　员：怎么排啊？

肖霆锋：没上过体育课啊？

学　员：没有！

肖霆锋：来来来！你站那儿干什么？你过来！
听口令！

学　员：有人迟到了！

肖霆锋：你迟到了啊！

向右看齐！哪儿是右？哪儿是右？从今天开始，你们就要养成良好的习惯，站要有个站（相）！向前看！明天开始，我不希望看到你们每个人的脸化得像小妖精。自我介绍一下，我叫肖霆锋，是你们教官，以后大家见了面要叫肖教官！

1 妖精 yāojing（名）
bogey, demon

学　员：肖教官好！

肖霆锋：没让你们说话！大家做个自我介绍，先互相认识一下。第一位同学你先来。

王　虹：我叫王虹，纺织公司办公室的。

吴　俊：我叫吴俊。

肖霆锋：什么？

吴　俊：我叫吴俊。

肖霆锋：在哪儿工作？

吴　俊：在马可波罗面包房。

肖霆锋：你这样说话谁听得见啊？

汪明慧：汪明慧！上海飞机复合材料厂，车间主任。

2 车间 chējiān（名）
workshop

肖霆锋：我说话你听见了吗？啊？请你介绍一下你自己。怎么回事？

李如芸：我……我真的是沙眼！

肖霆锋：那就去看医生！

李如芸：哦！医院在哪儿？

罗薇宁：不是真叫你走。

肖霆锋：回来！

李如芸：教官对不起！

肖霆锋：你！

陆美琪：我叫陆美琪，是从学校毕业的。

刘微微：我叫刘微微，原来在广告公司工作。

1 负担 fùdān（名）
   burden, responsibility

2 顶撞 dǐngzhuàng（动）
   to contradict (one's elder or superior), to talk back

3 一律 yílǜ（形）
   all and singular

4 操行 cāoxíng（名）
   behavior or conduct (usu. of a student)

5 扣分 kòu fēn
   to deduct one's scores

6 卸妆 xiè zhuāng
   to remove one's make-up

肖霆锋：站好了。今天是你们正式上课的第一……

罗薇宁：哎，还有我呢！我叫罗薇宁，我……

肖霆锋：没让你说话！今天是你们正式上课的第一天，在上课之前，我宣布几条纪律。第一条，不许迟到！选择了这个职业，个人有天大的事情都要放在工作的后面。尤其是那些没有家庭负担的同学，更应该严格要求自己！

罗薇宁：教官，我不同意，纪律面前人人平等嘛！

肖霆锋：第二条，不许顶撞教官！不管是上课下课，也不管教官的年龄大小，见了面，一律要问好。第三条，不管是在几楼上课，学员，一概不能乘电梯。你们每个人有十分操行分，如果违反任何一条，都要扣操行分。我的话完了，下面，大家到楼上把衣服换了。

学　员：几楼啊？在哪儿啊？

肖霆锋：不要嚷！把妆卸了，跟我来！

▶ 化妆室

肖霆锋：行了行了，别化了别化了。

罗薇宁：哎哎，教官教官，你看我化得好看吗？

肖霆锋：好好……好。

罗薇宁：哎哎，哎。

肖霆锋：都擦了，到水龙头洗了去。待会儿让蔡教官教你们如何化妆！

▶ 教室里

肖霆锋：请大家都站起来。

学员A：教官，为什么吗？

肖霆锋：空乘服务，是站立基础上的服务。所以我要求你们从现在开始，就站着上课，习惯成自然。

罗薇宁：习惯可以以后慢慢培养嘛。

学员A：就是啊！

肖霆锋：我相信，三个月以后，不会有人觉得站着工作，是辛苦的。

学员A：哎，教官，既然这样的话，那你就让我们坐着上课吧，我们是坐一天少一天了啊！

众学员：就是！就是嘛！

肖霆锋：好了好了好了。安静安静。汪明慧同学，你以前是领导，我现在任命你为这个特殊乘务队的队长，现在就上任。

罗薇宁：恭喜恭喜恭喜！我一看你啊我就知道你肯定做过领导。你看你又端庄又稳重……

肖霆锋：你说完了没有？说完没有？坐下！

罗薇宁：我站起来啊，你不是让大家都站起来吗？哎，站起来啊，站起来啊。不是让大家都站起来吗？

肖霆锋：同学们，请相信我，我这是为大家好。啊！

汪明慧：教官说的有道理，我们大家都站起来吧。

肖霆锋：队长，把讲义发下去。

▶ 训练部门口

罗薇宁：我脚疼死了，带我一段。

肖霆锋：影响不好，影响不好。

1　任命 rènmìng（动）to appoint sb. to a post

2　上任 shàng rèn to hold a post

3　恭喜 gōngxǐ（动）to congratulate

4　端庄 duānzhuāng（形）dignified, demure

5　稳重 wěnzhòng（形）sedate, modest, prudent

6　讲义 jiǎngyì（名）teaching materials, lecture sheets

7　死 sǐ（副）extremely

1 捎 shāo（动）
to bring or take along

2 飞行员 fēixíngyuán（名）
pilot

3 吃不消 chībuxiāo
to be unable to stand, to be
too much for sb.

4 野兽 yěshòu（名）
beast, wild animal

5 要不是 yàobushì（连）
if it were not for

6 两面派 liǎngmiànpài（名）
double-dealer, the vicar of
Bray

7 整 zhěng（动）
to make sb. suffer

8 偏袒 piāntǎn（动）
to favor, to be partial to and
side with

9 口蜜腹剑 kǒu mì fù jiàn
to be honey-mouthed and
dagger-hearted, to play a
double game

罗薇宁：哎，哎——

施　宇：老肖，老肖！捎上我！哎，你有没有
事啊？

罗薇宁：谢谢你！

施　宇：你是新来的空乘吧？

罗薇宁：我叫罗薇宁。哎，你是飞行员吧？

施　宇：是啊，我叫施宇。要不，我送你一段
好不好？

罗薇宁：好好好！

▶ 肖霆锋家里

肖霆锋：累吧？吃不消吧？

罗薇宁：重一点儿，重一点儿。这只这只！哎
呀！

肖霆锋：受不了了吧？

罗薇宁：拉我起来。

肖霆锋：来，吃饭吃饭。

罗薇宁：我先去洗个澡。

肖霆锋：我说你受不了吧，还不信！去吧去吧。

罗薇宁：哎，你平时在家里挺正常的，怎么一
训练起来好像野兽一样？我要不是跟
你一块儿去上班啊，真还看不出你的
另外一面呢啊。两面派！

肖霆锋：好好好，两面派两面派。

罗薇宁：哎，你是不是故意想整我啊？早点儿
把我的十分扣完，让我早点儿回家。

肖霆锋：不敢不敢。我不敢对你有所偏袒啊，
大家都看着呢。不过我每扣一分呢，
那肯定是合理的。十分都扣光了，那
也是没办法的事。

罗薇宁：你别笑，你这口蜜腹剑的东西。哎，

我怎么从来没发现，你的笑容那么
不可爱呢？开饭了！

肖霆锋：好嘞！得令得令。

　　　　哎，谁送你回来的？

罗薇宁：那我不吃了，饿着。

肖霆锋：别呀！饭还是要吃的，啊！吃完饭，
从实招来。

　　　　喂，哎呦呦……别别别，今天晚上
就算了。肯定，肯定请你们，啊。
哎，施宇，施宇——

罗薇宁：千万别让同事知道我们的关系。OK？

肖霆锋：对。放心，放心，放心啊。拜拜。
来来来，来啦。

施　宇：老肖，你就睁一只眼闭一只眼吧。
看在声发对李如芸一片痴心的分
上，你，你就网开一面，反正她以
后也不会当空乘嘛。

肖霆锋：听我说，听我说。我这样做对其他
学生不公平。

施　宇：哎，没事的。

肖霆锋：来来来，吃点儿瓜啊！

郭声发：肖教官，这个……您呢就暂且留下
她，让她也锻炼锻炼。我会给她找
别的工作，绝不连累您。

施　宇：是啊是啊，以后……

肖霆锋：这……这不太合适啊。

施　宇：这是声发的一点儿意思，你无论如
何得收下。

郭声发：对对对，一点儿小意思，小意思。

肖霆锋：人留下，东西拿走。

施　宇：哎——老肖，老肖老肖。

1　笑容　xiàoróng（名）
　　smile

2　开饭　kāi fàn
　　to have a meal served

3　得令　délìng（动）
　　to get an order, to do sth. as
　　ordered

4　从实招来　cóng shí zhāo lái
　　to tell the truth, to be honest

5　同事　tóngshì（名）
　　colleague, staff

6　痴心　chīxīn（名）
　　blind love, blind passion

7　网开一面　wǎng kāi yí miàn
　　to go easy on sb.

8　公平　gōngpíng（形）
　　fair, equitable

9　瓜　guā（名）
　　melon

10　暂且　zànqiě（副）
　　for the moment

11　绝不　jué bù
　　in no way, by no means

12　连累　liánlèi（动）
　　to involve, to get sb. in
　　trouble

13　意思　yìsi（名）
　　(speaking of a gift) a token
　　of appreciation, etc.

1 演示 yǎnshì（动）
to present, to demonstrate

2 老年 lǎonián（名）
aged

3 规范 guīfàn（形）
standard

4 用语 yòngyǔ（名）
diction, wording

5 带头 dài tóu
to be the first, to lead

6 嗓门 sǎngmén（名）
voice

7 男性 nánxìng（名）
male

8 称作 chēngzuò（动）
to call

9 女性 nǚxìng（名）
female

10 温和 wēnhé（形）
gentle, kind

11 争吵 zhēngchǎo（动）
to quarrel, to strife

12 反复 fǎnfù（副）
repeatedly, time after time

13 为止 wéizhǐ（动）
up to, till, until

14 提醒 tíxǐng（动）
to remind, to call
attention to

15 尽快 jǐnkuài（副）
as soon as possible, as
early as possible

16 职业病 zhíyèbìng（名）
occupation disease

17 活该 huógāi（形）
to serve sb. right

▶ 教室里

蔡　敏：下面有哪位同学能够来演示一下，为一位老年乘客放行李的规范服务用语。

肖霆锋：怎么回事啊？谁先来？队长带个头。

汪明慧：老师傅，把行李给我，我……

肖霆锋：停！你那么大嗓门干什么？你是帮客人放行李还是要抢行李啊？再来！

汪明慧：老同志，你把行李给我……

肖霆锋：停！老同志，还老大爷呢！别笑！

蔡　敏：同学们，对年纪大的男性，我们应该称作老先生；对年纪大的女性，应该称作女士。你再试一遍吧，温和点儿。

汪明慧：老先生……教官，我觉得声音大点没什么不好。飞机上声音那么吵，就像我们车间的机器声一样。笑什么嘛，是真的！声音小点，客人听不见，怎么办？

肖霆锋：你把胳膊给我放下来。你这声音不只大一点的问题，音调语气都太重。这样跟客人说话，如果碰上哪个客人心情不好，很容易发生争吵。

汪明慧：但是我认为……

肖霆锋：没什么你认为！你现在不是车间主任，你站这儿学习的目的就是要成为一个合格的空乘。你现在要做的就是，必须反复地练习，直到合格为止！我随时会来检查。顺便提醒一句，你要尽快改掉你那大嗓门的职业病，否则成不了一个真正的空乘。

▶ 更衣室

学员A：活该。

学员B：哎，我昨天晚上看了一个演二战的电影，看到上面的德国军官，我一下子想到我们肖教官。

学员A：哎，你笑什么？我看他跟纳粹也差不多！

学员C：法西斯他还不够格呢！我看，叫他肖扒皮还差不多。哎，谁画的我看看。

学员D：哎，是有点像儿啊。

汪明慧：是不近人情，肯定有心理问题。

学　员：谁知道呢。

罗薇宁：不会吧？

▶ 汪明慧家里

汪明慧：你这是什么意思？爸爸来过电话了？你能跟爸爸打电话，就不能跟我说话？方向，妈妈说话的声音是不是很吵？你说话啊！妈妈说话的声音是不是很难听？出去吃饭。

▶ 教室里

汪明慧：欢迎乘坐本次航班。

肖霆锋：微笑，不只是个简单的面部表情，而应该是由里及外由衷的表达。真正生动的笑容，要从你的眼睛里传递到别人心里，让客人感到一种宾至如归的亲切。而你这种笑容，最多算是皮笑肉不笑。再来！

汪明慧：我看见你笑不出来。让蔡教官做我们的乘客。

肖霆锋：你每次飞你都挑客人啊？你看哪个客人不顺眼你让人家退票吗？我告诉你，不可能所有的客人都像蔡教官

1 二战 Èrzhàn
the Second World War

2 军官 jūnguān（名）
officer

3 法西斯 Fǎxīsī（名）
Fascist

4 够格 gòu gé
to be qualified

5 不近人情 bú jìn rénqíng
to be alien to human nature, unreasonable

6 心理 xīnlǐ（名）
mentality, psychology

7 航班 hángbān（名）
scheduled flight

8 表情 biǎoqíng（名）
expression

9 由衷 yóuzhōng（形）
sincere, from the bottom of one's heart

10 传递 chuándì（动）
to deliver, to pass

11 宾至如归 bīn zhì rú guī
make guests feel at home

12 顺眼 shùnyǎn（形）
pleasing to the eye

1 和蔼可亲 hé'ǎi kě qīn
  affable, agreeable

2 吓唬 xiàhu（动）
  to frighten, to scare

3 过关 guò guān
  to go through a critical test
  or a difficult time

4 感染 gǎnrǎn（动）
  to affect, to infect

5 用心 yòngxīn（形）
  attentive, diligent

6 感受 gǎnshòu（动）
  to experience, to feel

7 着迷 zháo mí
  to be fascinated, to be
  enchanted

8 被动 bèidòng（形）
  passive

9 恼羞成怒 nǎo xiū chéng nù
  to fly into a rage out of
  humiliation

10 纠缠不休 jiūchán bù xiū
  to stick like a limpet

11 起码 qǐmǎ（形）
  minimum, the least

12 大方 dàfang（形）
  natural and poised, easy

那样和蔼可亲，啊。

蔡　敏：肖教官，还是让我来吧。

肖霆锋：不行！您坐！我绝不吓唬你。如果你连微笑都不合格，是不可能通过考试的！还有你们，别以为你们的笑都可以轻松过关。我还没看到一个能够感染我的微笑。

不要紧张，啊，不要紧张，不要紧张。李如芸啊，其实你的条件很好，努力去做，会做好的，啊。微笑呢，不仅可以感染别人，也可以鼓励自己嘛。非常好！对不起啊！看见没有，只要用心去做，并不难吧？呵呵，下去。下一组，来。

小姐，从你美丽的微笑中，我感受到的不只是服务的热情。我对你非常着迷。这位小姐，给我个答复好吗？

李如芸：我……我已经有男朋友了。

肖霆锋：小姐啊，我并不关心这个问题，请你抬起头看着我好吗？

李如芸：你……你这是什么意思啊？

肖霆锋：我的意思是，你的反应不及格。她这样处理问题，不但自己被动，还很容易让客人恼羞成怒。万一遇到一个像我这样的客人，啊，纠缠不休，你这趟航班就什么都不用干了。还有，不管遇到什么情况，你都应该把头抬起来用眼睛看着对方说话。这是起码的礼貌。你一直低着头算怎么回事啊？来，抬起头，看着我，大大方方的，用眼睛看着我。就当咱们是朋友嘛。

哎——这不好多了吗？要敢于正视对方，啊。下去多练练。谁来啊？想试试？

罗薇宁：试就试。

肖霆锋：小姐啊，你很漂亮。交个朋友好吗？

罗薇宁：先生，请您先坐好，这是为了您的安全。您坐上我们的飞机，当然是我们的朋友。

肖霆锋：我想和你个人交个朋友。

罗薇宁：我很乐意为您效劳，本次航班由我为您服务。如果您需要什么帮助的话，可以随时告诉我。

肖霆锋：我想和你保持长期的联系。能把你的电话、地址啊，告诉我吗？

罗薇宁：这个是我们公司的电话和地址，如果您有什么宝贵意见的话，可以随时和我们联系。现在，我要去为其他的乘客服务了。谢谢您一路上对我们的支持，祝您旅途愉快。

学　员：小宁说得挺好的。

▶ 汪明慧家里

汪明慧：好啊，给你买电脑，是让你学英文，不是让你玩游戏的。
好，我会敲门的。告诉你，下次去看医生，一定得开口说话，听见没有？

▶ 训练场外

李如芸：哎哎，你……

罗薇宁：怎么了，你又怎么了？

1 敢于 gǎnyú（动）to dare to, to have the courage to

2 正视 zhèngshì（动）to face squarely

3 乐意 lèyì（动）to be happy to, to be willing to

4 效劳 xiào láo (polite) to offer (or render) one's service

5 游戏 yóuxì（名）game

6 开口 kāi kǒu to start to talk

1 蛮 mán（副）
　very

2 委屈 wěiqu（形）
　(feel) wronged, (feel)
　aggrieved (at sth.)

3 撑 chēng（动）
　to maintain

4 丢人 diū rén
　to be disgraced, to humiliate,
　to lose face

5 花匠 huājiàng（名）
　gardener, florist

6 心血 xīnxuè（名）
　painstaking care (or effort)

7 公德心 gōngdéxīn（名）
　public morality,
　civil-mindedness

8 改日 gǎirì（副）
　some other day

李如芸：你们看，这个。这儿！

罗薇宁：哎，第六名哎！蛮好的噢！

汪明慧：好什么啊？一共才六组。

罗薇宁：啊？

肖霆锋：受不了吧。如果觉得委屈，撑不住了，可以提前退出，啊。没什么丢人的嘛，考虑考虑。

罗薇宁：……

汪明慧：嗯？说什么？

罗薇宁：啊，没什么，走啦走啦走啦。

▶ 训练部门口

施　宇：薇宁，什么事不开心啊？

罗薇宁：小心被花匠看见，这可是人家的心血啊。

施　宇：怎么可以随便摘花呢，这不连一点儿公德心都没有了嘛。我是问花匠要的，你带回家去，把它插起来，总比买的好看吧。

罗薇宁：没兴趣，你送给别人吧。

施　宇：哎——

罗薇宁：还是收下吧。真香，谢谢你啊。

施　宇：哎。哎——

罗薇宁：还有什么事啊？

施　宇：晚上，我想请你吃饭。

罗薇宁：哎，汪姐，李如芸！我们晚上正好约了一块儿去吃饭，你也一块儿去吧。

施　宇：你们有约啊？那改日吧，改日。

汪明慧：人家是请你，你就去吧。

李如芸：就是。

罗薇宁：哎，一块儿去吧，好吗？

施　宇：不了，改日吧。

罗薇宁：哎。施宇，谢谢你！再见。走吧。

▶饭店

店　主：空姐，时间不早了。

罗薇宁：去去去……

汪明慧：干吗去啊？

李如芸：干杯。

汪明慧：我们喝我们喝。

罗薇宁：喂，喂喂。

店　主：小罗，还没按号码呢。

罗薇宁：谢谢，谢谢。

肖霆锋：喂。

罗薇宁：我们在happy，我们在high。

肖霆锋：回来吧，回来吧，啊。家里有酒，我
　　　　陪你喝。

店　主：小罗，买单吧，回家吧。

肖霆锋：喂——

罗薇宁：这么贵，喝痛快了得要多少钱啊？

店　主：小罗你还没喝痛快啊？

罗薇宁：走！

1　买单　mǎidān（动）
　　to pay the bill

▶肖霆锋家里

肖霆锋：可回来了。
　　　　喂，没带钥匙啊？

罗薇宁：啊，回来了！

肖霆锋：好好，回来了。

罗薇宁：你还没睡啊？

肖霆锋：没睡没睡。

李如芸：叔叔好！

肖霆锋：好好。

李如芸：咦，长得像肖教官。哎，你爸爸很年轻。

汪明慧：上班看见你，下班还看见你，阴魂不散。我要喝酒。

李如芸：喝，喝。咦，咦，这个人，这个人面熟。他……他是……

罗薇宁：过来，过来，过来。倒茶，倒茶。

李如芸：这个女的，这个女的……不认识。

肖霆锋：好，弄点儿水醒醒酒啊。

罗薇宁：过来，过来过来，这是我老公。

（第二天早上）

肖霆锋：哎……哎，赶紧起来，别迟到。叫她们起来，啊。我先走。

罗薇宁：李如芸，李如芸，起来了，起来了，要迟到啦。起来，起来。

李如芸：这是什么地方？

罗薇宁：汪姐，起来了，起来了。

汪明慧：别烦我，让我再睡一会儿，我正梦见肖教官为咱们端茶送水。

罗薇宁：李如芸，起来了，起来了……汪姐……

▶训练场

肖霆锋：站住！都醒了？上课迟到，每人扣两分，惩罚训练。

汪明慧：你的水。

肖霆锋：我要的是茶水吧，小姐，啊？

汪明慧：哦，你等着。你的茶。

肖霆锋：这茶不够热啊，算了、算了、算了。我换咖啡吧，啊。

汪明慧：好，你等着。胡椒，胡椒。你的咖啡。这是糖，这是奶。你想怎么喝你就怎么喝。你说吧，你还有什么要求？

1 阴魂不散 yīnhún bú sàn
the ghost lingers on, the evil influence remains

2 面熟 miànshú（形）
to look familiar

3 醒酒 xǐng jiǔ
to sober up, to remove or dispel the effects of alcohol

4 老公 lǎogōng（名）
(coll.) husband

5 烦 fán（动）
to bother

6 端茶送水 duān chá sòng shuǐ
to serve tea or water

7 惩罚 chéngfá（动）
to punish

8 胡椒 hújiāo（名）
pepper

肖霆锋：想怎么喝就怎么喝。我还敢有要求吗？
一夜之间，把我教给你们的规范用
语，全还给我了。再来！

汪明慧：先生，你的，脚。

肖霆锋：下一个。哎，这个留着自己喝吧。

李如芸：先生。

肖霆锋：凭什么我受委屈，啊？这本来就是
你们的问题。为什么让我将就？我
不让你给我换头等舱就算不错了。
换人来也没用，要给我换座位。

罗薇宁：对不起，先生。现在给您换座位已经不
太可能了。要不然，下次改坐头等
舱？那里的座位比较舒服一些。

肖霆锋：你什么意思啊你？

罗薇宁：我没什么意思。如果您不把腿收回
来的话，万一遇到气流颠簸，我们
不敢完全保证您的安全。

肖霆锋：同学们，像我、我们班的罗薇宁同学
这样的回答，就比较有礼有节，而
且语言也比较规范，啊。

罗薇宁：谢谢教官。谢谢，谢谢。

肖霆锋：别得意忘形。小姐啊，这儿怎么有
一只苍蝇啊？

罗薇宁：苍蝇？

肖霆锋：啊。飞了。那儿去了。快帮我打苍蝇。

罗薇宁：啊……啊，打苍蝇。

肖霆锋：来来来，帮我打苍蝇。

罗薇宁：哎，打苍蝇。哎，出来打苍蝇啊。

肖霆锋：那儿那儿那儿，飞那儿去了。

罗薇宁：为旅客制造清洁的环境，是我们应该
做的。

1 一夜之间 yí yè zhī jiān
overnight

2 委屈 wěiqu（动）
to wrong sb.

3 将就 jiāngjiu（动）
to make do with, to put up with

4 头等舱 tóuděng cāng
first-class cabin

5 气流 qìliú（名）
air current

6 颠簸 diānbǒ（动）
to toss, to jolt

7 有礼有节 yǒu lǐ yǒu jié
polite and restrained

8 得意忘形 dé yì wàng xíng
to forget oneself in one's excitement

9 苍蝇 cāngying（名）
fly

肖霆锋：来来来，那儿那儿那儿。后面，这儿，这儿这儿这儿……

学员A：教官，可以了吧？

学员B：这是干什么啊？

学员C：就是嘛，教官，这样做就没有意思了。

学员D：对呀。算了算了吧。

肖霆锋：那那……哎哎，不打了？

罗薇宁：嘘！我看见苍蝇了。

肖霆锋：哎哟，干、干……干什么？

罗薇宁：嘘！别动。我打死了。

肖霆锋：好啊，你……你敢侮辱教官！

罗薇宁：哎，还有两只，打苍蝇啊！

学员们：打苍蝇啊，打苍蝇……

肖霆锋：造反了！没苍蝇啦！没啦！行啦！

1 侮辱 wǔrǔ（动）
   to insult

2 造反 zào fǎn
   to rebel, to revolt

▶ 化妆室

肖霆锋：别眨眼！去！
　　　　很好，你很漂亮。

▶ 训练厅

肖霆锋：好！大家都看明白了，啊？谁先来啊？

李如芸：教官，我想试试。啊、啊！不行，教官，我，我不行。

肖霆锋：你不行……你不是身体平衡能力差，而是心理素质差。试试看，来。

李如芸：啊，啊！

罗薇宁：算了吧？

李如芸：啊！

3 平衡 pínghéng（形）
   balance, counterpoise

4 可惜 kěxī（形）
   it is a pity, unfortunately

▶ 医院

李如芸：一个月？谁说的？

肖霆锋：当然是医生说的了。是有点儿可惜。

不过还有机会，啊，还有下一期嘛，是吧？再考再考。

李如芸：哎，肖教官……

肖霆锋：哎哟，你看，来来来，躺下。

李如芸：我不用下一期，我现在越来越有信心了。我想争取，一个星期出院。

肖霆锋：一……一个星期是不够的。那个，你不会退学？

李如芸：您放心，我，我不会退学。

1 退学 tuì xué
to drop out

2 成天 chéngtiān（副）
all day, all day long

3 滋味 zīwèi（名）
taste, feeling

▶ 汪明慧家里

汪明慧：方向，跟妈妈聊聊好吗？你不想说，那就听妈妈说吧。妈妈总觉得自己是对的，想给你安排好一切，但是并没有考虑到你是怎么想的。妈妈现在也成天被人骂，也觉得被人骂的滋味很难受。以后我们换个方式相处，你就把妈妈当作你的朋友，好吗？

▶ 更衣室

汪明慧：昨天我和我儿子说了一通肉麻话，他说话了。

罗薇宁：是吗？他说什么？

汪明慧：他说随便你。

罗薇宁：就这些？

汪明慧：啊。

罗薇宁：那，你就满足了？

汪明慧：重要的是，他已经跟我说话了，这是个好的开端。

罗薇宁：母爱真是伟大哦。

汪明慧：哎，我今天不等你了。我得回去给

4 肉麻 ròumá（形）
nauseating

5 开端 kāiduān（名）
beginning, start

6 母爱 mǔ'ài（名）
mother love, maternal love

1 体贴 tǐtiē （动）
to be considerate of,
to sh ow sympathy for

2 苦心 kǔxīn（名）
trouble taken, painstaking
efforts

3 黑名单 hēimíngdān（名）
blacklist

4 良心发现 liángxīn fāxiàn
to be plagued by a guilty
conscience and one's
better nature asserts itself

5 生硬 shēngyìng（形）
stiff

6 死板 sǐbǎn （形）
inflexible, rigid

7 更衣室 gēngyīshì（名）
locker room

8 开眼界 kāi yǎnjiè
to see something amazing for
the first time, to widen one's
vision

9 过分 guòfèn（形）
undue, excessive

10 明明 míngmíng（副）
obviously, plainly

儿子做饭吃。

罗薇宁：哎，你要告诉他，好好地学学体贴做母亲的一片苦心。

汪明慧：哎，你是不是结婚了？

罗薇宁：啊？没有，没有没有没有。

汪明慧：那我好像印象中你结婚了？

学 员：汪姐，走不走？

汪明慧：噢噢，我走。走了啊。

罗薇宁：再见。

谁啊？

肖霆锋：我我我。

罗薇宁：干吗？

肖霆锋：帮帮忙帮帮忙。

罗薇宁：不行。什么黑名单啊？

肖霆锋：我要多了解每个学员的情况，针对每个人调整我的训练方法。

罗薇宁：你良心发现了？来，进来上课。

肖霆锋：我的方法可能太生硬、太死板了。这女更衣室，开玩笑呢？

罗薇宁：哎呀，都走了，都走了。你就开开眼界嘛！

肖霆锋：谁画的？

罗薇宁：别人画的。

肖霆锋：太过分，这……这不明明画的我嘛这是。

罗薇宁：哎，你干吗呀？你干吗呀？画着玩的。

肖霆锋：把它撕下来……撕下来。

罗薇宁：哎呀……

肖霆锋：我是法西斯吗？

罗薇宁：差不多，差不多。坐。

肖霆锋：这谁画的，这是？

罗薇宁：听不听啊你？

肖霆锋：你说说……

罗薇宁：汪明慧的丈夫呢，受不了她的领导作风，所以跟她离婚了。她的儿子又有抑郁症，不跟她说话。李如芸的男朋友，觉得她上不了台面。

肖霆锋：不不，李如芸的情况比较特殊。

罗薇宁：哎，为什么没有罗薇宁的名字啊？

肖霆锋：罗薇宁的情况，我是比较了解的，她的变化很大，所以我得随机应变。

罗薇宁：那你打算什么时候扣掉她最后一分呢？

肖霆锋：不扣了，留着。说实话，我老婆还是蛮优秀的。哎，我是不是得改改我那个大男人作风？

罗薇宁：你现在才知道？我不是跟你开玩笑。

肖霆锋：你说你说。

罗薇宁：李如芸快被你吓成神经病了。要是你对所有人都严的话，你对她也要网开一面啊。

肖霆锋：你听我说，李如芸……不都走了吗？

学　员：小罗，你好。

罗薇宁：你好。

学　员：你怎么还没走啊？

罗薇宁：啊？我马上就走，马上就走。

学　员：哎，我刚才好像看见是两个人嘛。

罗薇宁：啊，没有啊，就我一个人。

学　员：是吗？那是我看错了。

罗薇宁：肯定是，肯定是。

学　员：我先走了啊。

罗薇宁：再见。

学　员：拜拜。

肖霆锋：走了吗？走了吗？太惊险了。

1　作风　zuòfēng（名）
style, way

2　台面　táimiàn（名）
aboveboard, on the table

3　随机应变　suí jī yìng biàn
to adapt oneself to changing circumstances

4　神经病　shénjīngbìng（名）
neuropathy

5　惊险　jīngxiǎn（形）
adventurous, breathtaking

罗薇宁：装！

▶ **教室里**

肖霆锋：早上好。会习惯的，会习惯的。

汪明慧：早上好。

肖霆锋：早上好。

汪明慧：好。

肖霆锋：早上好。

罗薇宁：早上好。哎，咱们的教官今天好像不太一样嘛。

肖霆锋：同学们，以前我可能，对你们太严厉了。是吧？太生硬了。我准备改变一下我的教学方法。

学　员：他是不是有病啊？

罗薇宁：从一个极端到另外一个极端，过分，太过分了。

肖霆锋：要改变，首先应该从私人空间做起。从我对家……对同学们的态度做起。那么请大家打开书本，开始上课。

1　极端　jíduān（名）
　　extreme, extremity

▶ **汪明慧家里**

汪明慧：晚餐准备好了，请吃饭。擦擦手。这是你爱吃的鸡蛋，还有鱼。来，吃啊！时间不早了，早点休息。

方　向：真受不了。

▶ **训练场外**

李如芸：肖教官，肖教官，肖教官。你看，我全好了。

肖霆锋：全好了？

李如芸：啊。

肖霆锋：怎么不多住段时间呢？

李如芸：那不行，我都八九天没有上课了，功课不能落下。

肖霆锋：是是是，你这个落功课啊，还真是个麻烦。

汪明慧：肖教官。

李如芸：汪姐。

汪明慧：这事包在我身上。如芸，你真勇敢。放心吧，我一定不让她掉队。走！

李如芸：嗯。

汪明慧：你最想练习什么？

李如芸：我想练平衡木。

汪明慧：咱们下午，六点钟……

肖霆锋：汪明慧。

汪明慧：哎。

肖霆锋：汪明慧，刚才你孩子学校来个电话，让你六点半去开家长会，别忘了啊。

汪明慧：哎，好的。教官，刚才我已经答应李如芸，帮她辅导平衡木了。那么这样，拜托你了。

肖霆锋：好。哎，我说……

1 功课 gōngkè（名）
schoolwork, school lesson, lessons

2 落 là（动）
to fall behind

3 包 bāo（动）
to guarantee, to assure

4 掉队 diào duì
to fall or log behind

5 平衡木 pínghéngmù（名）
balance beam

6 拜托 bàituō（动）
to ask for a favor

▶ 训练厅

肖霆锋：走走走，哎呀，勇敢点儿，勇敢点儿。来，迈步，迈步，迈步，走走走。没事，有我保护着。很好，走走走……迈那个步，迈那个步，那个，那个。

李如芸：哪个？

肖霆锋：大胆地迈，啊，大胆地迈，有我保护呢，放心。好好，走走走，没事，很好。我擦擦汗，啊。

7 迈 mài（动）
to stride

李如芸：哎，肖教官！啊——

肖霆锋：这不挺好吗？啊？回头看看，走多远了？

李如芸：啊！真的？

▶ 更衣室

罗薇宁：不眨了，哎，真的不眨了。

汪明慧：噢，确实好多了。

罗薇宁：肖教官来了。

汪明慧：哎？眼睛倒是不眨了，怎么脸红起来了？

罗薇宁：你喜欢他？

李如芸：我……我觉得他挺好的。

罗薇宁：好？他哪里好？他有什么好？

李如芸：他，他细心又周到。为了让我克服紧张的毛病，他用领带蒙住我的眼睛，牵着我走过平衡木。哎，我真的就不害怕了。我觉得，他是我真正可以信赖的人。哎呀，这个画像是谁画的，画得根本就不像嘛，这么难看，你看……

汪明慧：那你那男朋友呢？

李如芸：我……我已经好久没有跟他联系了。

▶ 训练场

肖霆锋：像你这样下不行啊，动作要快，把腰直起来。把腰直起来。下一个。

训练员：下一个，罗薇宁，快。

李如芸：你，你别在我眼前晃。

肖霆锋：快点儿！

罗薇宁：队长，你先跳？

汪明慧：先跳后跳，都得跳嘛。

罗薇宁：帮凶。哎，你要保护好我！

1 克服 kèfú（动）
to overcome, to conquer

2 蒙 méng（动）
to cover

3 牵 qiān（动）
to lead along (by holding one's hand, the halter, etc.)

4 信赖 xìnlài（动）
to trust, to count on

5 晃 huàng（动）
to move with short quick movements from side to side or up and down

6 帮凶 bāngxiōng（名）
accomplice

肖霆锋：哪那么多废话，快跳！站起来！

罗薇宁：啊，啊！

肖霆锋：没事吧？起来，起来，起来。闪开。

训练员：下一个。

汪明慧：李如芸，就剩下你一个了，来吧，来吧。

李如芸：我……我不敢。

汪明慧：跳吧。

肖霆锋：上面干什么呢？

李如芸：我能不能不跳？

肖霆锋：不行，李如芸，你跳了这一次，以后就不害怕了。

李如芸：可是，可是这一次也不敢跳。

汪明慧：跳吧，跳吧。其实队长也怕，跳吧。

学　员：李如芸，跳啊……快跳啊！勇敢点儿！跳！

肖霆锋：这样吧，我来保护你，好吗？啊？

学　员：李如芸，跳啊……勇敢点儿！跳！

肖霆锋：这不挺好吗？啊？大家给鼓鼓掌。

学　员：李如芸——

肖霆锋：李如芸，哎，哎哎，哎，没事吧？队长，按规范动作做。

汪明慧：我，我，我不行。

肖霆锋：上去让我把你揪下来啊？

汪明慧：不要，不要……啊——

▶ 更衣室

学员 A：李如芸，你倒是跟我们说说，我们要怎么做肖教官才能怜香惜玉，单独辅导我们呢？

学员 B：哎呀，人家是"香玉"啊，你是什么？

李如芸：哎呀，我不跟你们说了。

1　废话 fèihuà（名）
nonsense

2　揪 jiū（动）
to pull, to drag

3　怜香惜玉 lián xiāng xī yù
to describe a man who cares about women very much

4　单独 dāndú（形）
alone, by oneself

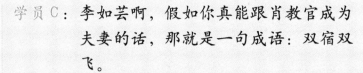

1　反省　fǎnxǐng（动）
　　to self-examine

2　酒席　jiǔxí（名）
　　feast, banquet

3　暂缓　zànhuǎn（动）
　　to defer, to postpone, to
　　put off

4　头脑　tóunǎo（名）
　　brains, mind

5　发胀　fāzhàng（动）
　　to swell

6　嫁　jià（动）
　　(of women) to marry

7　体力　tǐlì（名）
　　physical power, physical
　　strength

8　折磨　zhémo（动）
　　to harass, to torture

9　摧残　cuīcán（动）
　　to destroy, to devastate

10　茶几　chájī（名）
　　tea table, teapoy

11　苦衷　kǔzhōng（名）
　　pain, feeling of pain or
　　embarrassment

12　趾高气昂　zhǐ gāo qì áng
　　to be pompous

学员C：李如芸啊，假如你真能跟肖教官成为夫妻的话，那就是一句成语：双宿双飞。

李如芸：我让你们乱说话，让你们乱说话！

▶肖霆锋家里

肖霆锋：我不走！我就是不走。

罗薇宁：回去，你一定要回去，到你妈那儿住几天。好好地给我反省反省。

肖霆锋：你说我妈把酒席都定了，我现在回去，这不吓唬老太太嘛，算怎么回事？

罗薇宁：暂缓，一切都暂缓。我要让自己重新考虑一下，我觉得，我肯定是头脑发胀了。认识你不到一年，就把自己嫁给你了。

肖霆锋：还不到十个月呢，还不能证明我的决心啊？

罗薇宁：难道，我嫁不出去了吗？我实话告诉你吧，我妈妈并不满意你比我大那么多。

肖霆锋：是把我当乘客了，而且还头等舱呢。我平时不就对你们凶一点儿吗，啊？要求严一点儿吗？我现在要求严一分，将来你们上机，就会轻松一分，知道吧？再说我是头一回带教。

罗薇宁：你这不是严格要求，简直是体力上的折磨和心理上的摧残。

肖霆锋：有那么严重吗？不走，就是不走。

罗薇宁：我的茶几！沙发都让你给踩坏了，这是我的心血啊。你这人就是这个样子，从来不理解人家的苦衷。在学校里趾高气昂，回家我还得看你的脸色，在家里在外里，我都要看你的脸色。

肖霆锋：慢慢讲，慢慢讲啊。

罗薇宁：还有，你对那个李如芸为什么那么偏心啊？每次看到她跟你发嗲，我浑身，浑身这个鸡皮疙瘩我就……

肖霆锋：瞧你这话说的，她男朋友是施宇的朋友，早就跟我打过招呼。只要她锻炼锻炼胆量，不会让她当空乘的。

罗薇宁：真的？

肖霆锋：骗你小狗。

罗薇宁：唉！我就惨了。一开始不让去，去了之后百般刁难，想尽办法扣我的分。扣分制我看就是针对我才想出来的。现在我也只剩下最后一分了，你就快得逞了。你……我最讨厌你这副可怜相了，十足的两面派，伪君子。

肖霆锋：哎，轻点儿轻点儿……哎……我头，头，哎，哎！

▶ **训练场**

李如芸：教官，我有点私事，想请你帮个忙。

肖霆锋：什么事啊？

李如芸：我……我想请你，陪我去见一个人。

▶ **酒店**

中国朋友A：下回你们办事的时候啊，包一架飞机，整一场空中婚礼。

郭声发：真幽默。

外国朋友：Hey, that's his girlfriend?

中国朋友B：Yes, that's her.

肖霆锋：你去吧，我在这儿等你，啊。

1　脸色 liǎnsè（名）
facial expression

2　偏心 piānxīn（形）
partial, biased

3　发嗲 fā diǎ
(of a woman) to speak or behave coquettishly

4　浑身 húnshēn（名）
from head to toe, all over

5　鸡皮疙瘩 jīpí gēda
gooseflesh

6　打招呼 dǎ zhāohu
to notify, to let sb. in on sth.

7　胆量 dǎnliàng（名）
courage, guts

8　惨 cǎn（形）
miserable, tragic, wretched

9　百般 bǎibān（副）
in every possible way, by every means

10　刁难 diāonàn（动）
to create difficulties

11　得逞 déchěng（动）
(the bad ideas) to succeed, accomplish an evil purpose

12　十足 shízú（形）
pure, sheer, out-and-out

13　伪君子 wěijūnzǐ（名）
hypocrite

14　包 bāo（动）
to hire, to charter

15　整 zhěng（动）
to do, to make, to get sth. done

16　幽默 yōumò（形）
humorous

1 料子 liàozi（名）
material for making clothes

2 正规 zhèngguī（形）
regular, standard

3 误会 wùhuì（动）
to misunderstand

李如芸：哎。

肖霆锋：哎，你好你好。

郭声发：帅啊，我还第一次看你穿制服呢。

中国朋友C：我来看看什么料子做的。做得还蛮正规的。

中国朋友A：坐下说……

李如芸：我今天来，就想跟你说几句话，说完我就走。

郭声发：反正以前的事已经过去了，我的目的也达到了，你看你现在不是挺好的吗？

李如芸：以前不好，不过现在的确很好。噢，这是我现在的男朋友。

外国朋友：Who is this guy?

中国朋友B：She said that's her new boyfriend.

中国朋友A：No way!

中国朋友C：She's lying. I think she's lying.

李如芸：我照你的意思去考空乘，我考上了，你一点儿都不为我高兴，说明我在你心里，根本就不重要。

郭声发：你看，你误会了吧？我怎么会不为你高兴呢？我这么做，是怕你坚持不下来。过去我可能态度不好，现在不是挺好的？你都快毕业了。大伙儿今天来，是专门为你庆祝来的。

肖霆锋：李如芸啊，小郭说得对，啊，留下来。继续，继续。

李如芸：哎……你别走。我……我还是要谢谢你。如果不是你逼我，我不会是现在这个样子。可是，改变我的不是你，是他。谢谢，谢谢

你们大家，再见。

中国朋友A：你还等什么？快追啊！

郭声发：她，她真的现在不错了啊。

▶ 酒店外

肖霆锋：……

李如芸：你站住。可是我没有骗自己，是你让我自信起来的。否则，我，我不可能有勇气当着那么多人的面，把话说出来。

肖霆锋：说什么了？

李如芸：我，我喜欢你。

肖霆锋：哎，李如芸，你站住。

李如芸：明天晚上单独辅导，我等你。如果，如果你不喜欢我的话，你可以不来。反正我考空乘，什么也不为。

肖霆锋：哎，我说……

▶ 售票处

汪明慧：小姐，买一张下午的足球票。有申思吗？

售票员：嘿嘿嘿，问教练。

▶ 汪明慧家里

汪明慧：方向，申思和乔丹你喜欢谁啊？不和妈妈说话？妈妈有样好东西不给你看。是你喜欢的，在这里呢。肯定有申思的，妈妈问过卖票的人了。申思受伤了？哎？那卖票的人骗妈妈了？反正都是看球嘛，啊，一样的，下午去看吧。

1 教练 jiàoliàn（名）coach

2 受伤 shòu shāng to be injured, to be wounded

方向所写：邪恶的克隆族看中了地球上丰富的能量，胜勇为了保护能源，救出被他们抓走的爸爸，冒着危险告别了妈妈，去迎战克隆族。经过一场惊天动地的搏斗，地球又恢复了原来的美丽和宁静。爸爸得救了，而胜勇却倒在了爸爸怀里，永远闭上了眼睛。

汪明慧：方向，方向——

1 邪恶 xié'è（形）
wicked, evil

2 看中 kàn zhòng
to take a fancy to, to choose

3 能量 néngliàng（名）
energy

4 能源 néngyuán（名）
energy, energy resources

5 迎战 yíngzhàn（动）
to fight head-on against (an approaching enemy)

6 惊天动地 jīng tiān dòng dì
earth-shaking, world-shaking

7 搏斗 bódòu（动）
to fight, to struggle, to wrestle

8 宁静 níngjìng（形）
quiet, tranquil

9 正义 zhèngyì（名）
justice, right, righteousness

10 结局 jiéjú（名）
ending

▶ 马路上

汪明慧：方向，妈妈错了，原谅妈妈好吗？妈妈还没有发现你的画画得这么好。哎，方向，你不应该让胜勇在打败克隆族之后死掉啊，你可以让他爸爸的眼泪把他救活。让正义战胜邪恶，好人总该有好的结局。方向，是不是想爸爸了？走，我们回家去。来，把书包给我。方向！来。今天去看球去，啊！

▶ 食堂

肖霆锋：喂，什么事啊？
罗薇宁：没什么事啊，打个电话问候问候你。
李如芸：肖教官。
肖霆锋：来，坐坐坐。
李如芸：汪姐，坐吧。
肖霆锋：坐坐坐。
罗薇宁：那我问你，你今天晚上是回家吃饭呢，还是另外有事？
肖霆锋：可能，可能是后者吧。好，就这样，嗯。
施 宇：快吃。
罗薇宁：你够吗，这些菜？来，我把这个给你。

施　宇：不用了。

罗薇宁：不用客气。

施　宇：那我把鱼给你。

罗薇宁：不用不用。

施　宇：他们说啊，吃鱼补脑子，又不会胖。

罗薇宁：谢谢。

▶ 训练厅

李如芸：你来了？我就知道你会来的。哎，
　　　　你别走啊。

肖霆锋：李如芸，我今天来就是告诉你，我
　　　　只是你的教官。

李如芸：可是，你是最好的教官。因为你，
　　　　我现在的毛病全都好了。而且，我
　　　　很自信。

肖霆锋：好了好……自信好，自信好。

李如芸：谢谢教官。

罗薇宁：肖霆锋，你，你就是这样单独辅导的
　　　　吗？

李如芸：哎，这关你什么事情啊？

罗薇宁：我……好好好，我走，我走。

肖霆锋：哎，小罗。哎，小罗，小罗……

李如芸：哎……

▶ 饭店

施　宇：哎，你告诉我你男朋友到底是谁？

罗薇宁：已经结婚了。

施　宇：啊？谁啊？

罗薇宁：好吧，我就告诉你吧。我老公是——

施　宇：谁？

罗薇宁：肖霆锋。

施　宇：肖霆锋？

▶肖霆锋家里

肖霆锋：最近比较烦比较烦……

▶饭店

施　宇：哎，你少喝点儿吧。我看，这事情也没什么大不了的，我们先静观事态的发展。我想老肖，也不是那种人。

罗薇宁：哪种人？哪种人？老肖……他老吗？不许叫他老肖。

施　宇：又不是我一个人这么叫，单位同事都这么叫他。

罗薇宁：不许叫。明天你去单位跟他们讲，全部都不许叫老肖。

施　宇：行行行。

▶肖霆锋家里

肖霆锋：施宇？

施　宇：老肖。

罗薇宁：别叫老肖。

施　宇：好。我刚知道，罗小姐就是嫂夫人。

肖霆锋：你小子，你给我来个电话啊，让我着急，我正急着找她呢。

施　宇：她跟我刚要那个……

肖霆锋：啊？

施　宇：一步没让我离开。不说了，回头再说啊，再见。

肖霆锋：宁宁，你听我说。

罗薇宁：不听！我都亲眼看见了。她有没有当众抱你？

肖霆锋：有。

罗薇宁：是吧？你有没有亲她？

1　静观　jìngguān（动）
   to observe calmly
2　事态　shìtài（名）
   situation, state of affairs

3　亲眼　qīnyǎn（副）
   see with one's own eyes
4　亲　qīn（动）
   to kiss

肖霆锋：有。

罗薇宁：是吗？啊。

肖霆锋：有，都有都有。但不是你想的那样。

罗薇宁：比我想的还要严重。你们俩就那么情不自禁，还当我的面表演给我看。好，肖霆锋，你自由了，你走吧。

肖霆锋：宁宁，当初……

罗薇宁：当初，当初我是让你帮她建立自信，可是你现在，却帮她建立家庭。

肖霆锋：哎，这话说过了啊，你完全是误会。

罗薇宁：误会？那你跟她说清楚啊，你明智地拒绝她嘛！

肖霆锋：我，我是想跟她说清楚，可又没法跟她说清楚。为什么呢？小姑娘刚刚自信，是吧？花那么多工夫，还有我的训练计划，那，那就全泡汤了。

罗薇宁：哼哼，哈哈哈，这么说，你是在为民航事业献身了？哈哈。佩服，佩服！

肖霆锋：不敢不敢。

罗薇宁：我没那么贤惠，出了这个家门，你爱献什么献什么。我眼不见心不烦。你走，你走！

肖霆锋：你听我说。这何必呢？何必呢？把我鞋给我拿来。

罗薇宁：拖鞋还给我。门关上，有蚊子。

肖霆锋：哎，你想想，啊！想想，啊！

▶ 训练场

罗薇宁：你干吗？

肖霆锋：坐电梯。

罗薇宁：你强迫我坐电梯的啊，你强迫我犯规。干吗？

1 情不自禁 qíng bù zì jīn
cannot help (doing sth.)

2 当面 dāngmiàn（副）
in sb's presence, face to face

3 明智 míngzhì（形）
sagacious, wise

4 拒绝 jùjué（动）
to refuse, to turn down

5 泡汤 pào tāng
to fall through

6 民航 mínháng（名）
aviation

7 献身 xiàn shēn
to dedicate to, to devote to

8 佩服 pèifu（动）
to admire, to have a high
opinion of (sb.)

9 贤惠 xiánhuì（形）
virtuous, good

10 何必 hébì（副）
there is no need, why

11 蚊子 wénzi（名）
mosquito

12 强迫 qiǎngpò（动）
to force, to compel

13 犯规 fàn guī
to break the rules or
regulations

肖霆锋：哎，宁宁，你、你听我解释清楚，好吧？给我点儿时间，我一定给那个李如芸解释清楚。现在时机不合适，我怕，我怕前功尽弃。

罗薇宁：噢，你倒是善解人意。那我告诉你，我也快疯了，你帮我单独辅导吧。干吗？我要叫了。

肖霆锋：屡教不改，违反规定坐电梯，我扣你的分。

罗薇宁：扣吧扣吧扣吧，反正我现在是负1分了。

肖霆锋：上课啊？什么课？快去吧，别迟到了啊。

学　员：肖教官早。

肖霆锋：早早早。哎哟！

郭声发：不好意思啊，麻烦你了。

肖霆锋：小郭你好。没事没事。来来来，你不找我，我还正要找你呢。

1 时机 shíjī（名）
occasion, opportunity, time

2 前功尽弃 qián gōng jìn qì
all the previous efforts will be wasted

3 善解人意 shàn jiě rényì
considerate

4 疯 fēng（动）
to go crazy

5 屡教不改 lǚ jiào bù gǎi
incorrigible

6 负 fù（形）
minus

7 功劳 gōngláo（名）
contribution, credit

▶训练厅

李如芸：肖教官。

肖霆锋：你好。经过这段时间特别辅导，我认为你已经恢复了自信，完全可以适应空乘的工作了。

李如芸：这都是您的功劳。

肖霆锋：不客气。我决定，结束这种特别辅导。

李如芸：结束？

肖霆锋：对对，该结束了。其实我只能是你的教官，我也只能是这个位置。我告诉你，我有爱人了。

李如芸：啊？

肖霆锋：而且非常相爱。

李如芸： 你，你骗我。

肖霆锋： 没骗你，真的。

李如芸： 那她是做什么的？

肖霆锋： 以前是跑单帮的。

李如芸： 什，什么是跑单帮的？

肖霆锋： 就，就是那个做小买卖。生意最后越做越大，还有点儿钱。

李如芸： 可是，可是我真的喜欢你。

肖霆锋： 那个，你们家就你一个孩子吧？最小？

李如芸： 嗯。

肖霆锋： 我就知道，上边还有个姐姐。

李如芸： 是哥哥。

肖霆锋： 不应该啊。

李如芸： 这，这又不是我决定的。

肖霆锋： 我知道，我知道。你爸爸不在了吧？

李如芸： 谁说的？我爸身体好着呢。

肖霆锋： 哦，对不起，对不起。你小时候啊，肯定是跟你外婆长大的。

李如芸： 不是，我哥跟我外婆长大，我是跟我奶奶长大的。

肖霆锋： 这就对了。

李如芸： 这？

肖霆锋： 你从小，就希望，能跟你大哥哥生活在一块儿，对吧？

李如芸： 嗯。

肖霆锋： 得到一种保护，一种安全感。于是乎，你进了学校，就把这种感情转移到我的身上了，把我当成你的大哥哥了。

李如芸： 我不是这样的。

肖霆锋： 是的是的。你看啊，你生活的环境，奶奶啊，外婆啊，是吧？妈妈啊，

1 跑单帮 pǎo dānbāng
to travel around trading on one's own

2 外婆 wàipó（名）
grandmother, mother's mother

3 转移 zhuǎnyí（动）
to shift, to transfer

没有男的。

李如芸：还有我爸爸呢。

肖霆锋：哎呀，爸爸和哥哥两回事。所以你对我这种感情，不是那种，不是那种。

李如芸：哪种？

肖霆锋：那种特殊的感情。

李如芸：我觉得是的。

肖霆锋：哎呀，跟你说不明白呢。今天你男朋友来过。

李如芸：啊？他来找我？

肖霆锋：不不，来找我，来找我。小伙子人非常好，也是那种大哥哥型。比你大多少？不说就算了。

李如芸：哎……

肖霆锋：你听我说……一定想清楚。

李如芸：可是，我是……

肖霆锋：千万不要伤害一个真正爱你的大哥哥。你给我站住，站住。好好想想，啊。

李如芸：哎……

肖霆锋：坚强！听话，啊！

1 型 xíng
model, type, pattern

2 听话 tīng huà
to be obedient

▶ 更衣室

肖霆锋：罗薇宁在吗？

汪明慧：小罗，教官找你。

罗薇宁：现在是自由活动时间，没空儿。

肖霆锋：听我说，听我说……

罗薇宁：你干吗你？我叫了啊，我叫了……

学　员：肖教官。

肖霆锋：啊，没事吧？

学　员：对不起啊。没事。

肖霆锋：跟我走。

罗薇宁：不走，我就不走。

肖霆锋：你听我说。

罗薇宁：你想怎么样你？你想怎么样？

肖霆锋：走不走？

罗薇宁：不走。

▶办公室

肖霆锋：对不起对不起。我就想跟你说两句
话。我没做错任何事情啊。如果别人
对我有什么想法，我给她解释清楚
了，说我自己有爱人，而且非常相
爱，非常非常。那个，看在咱们新
婚燕尔的分上……哦，在这儿呢，
怕人看见。

罗薇宁：你跟谁学的？真肉麻。

肖霆锋：是吗？你肯赏光，陪我共进晚餐吗？
我订好座位了。

罗薇宁：那，我要是不去呢？

肖霆锋：那我一直等，等到天亮。反正我无家
可归了。

学　员：汪姐，他这个人整天凶巴巴，又不讲
道理，你去跟他有什么好说的？

汪明慧：我怎么可以不管呢？

肖霆锋：你到底去不去？

罗薇宁：去就去，有什么了不起，不就是你们大
男人那一套嘛！

肖霆锋：看我怎么样？

罗薇宁：你能怎么样？

肖霆锋：来啦！

汪明慧：你这是？

肖霆锋：哎，小罗……

汪明慧：作为乘务队长，我有几句话要跟你
说。

1 新婚燕尔　xīnhūn yàn'ěr
happy wedding couple,
newly-weds

2 赏光　shǎng guāng
(polite) to invite sb. to
a party, meeting, etc.

3 进餐　jìn cān
to dine, to take a meal

4 无家可归　wú jiā kě guī
homeless

5 凶巴巴　xiōngbābā（形）
ferocious, forbidding

1　职务　zhíwù（名）
post, position

2　之　zhī（助）
(possessive particle) of

3　假公济私　jiǎ gōng jì sī
to use public office for
private gain

4　想入非非　xiǎng rù fēifēi
to have one's head in the
clouds

5　况且　kuàngqiě（连）
besides, in addition,
moreover

6　格外　géwài（副）
extraordinarily

7　神魂颠倒　shénhún diāndǎo
head over heel, to be crazy
about

8　拉扯　lāchě（动）
to pull and push

9　总之　zǒngzhī（连）
in a word, in short, in brief

10　穿小鞋　chuān xiǎoxié
to make things hard for sb.

11　转正　zhuǎn zhèng
to become a regular
worker

12　无所谓　wúsuǒwèi（动）
to be indifferent

13　用不着　yòng bu zháo
there is no need to, it is not
worthwhile to

14　好样的　hǎoyàng de
great fellow

15　欺负　qīfu（动）
to bully

16　暴君　bàojūn（名）
tyrant

17　仪式　yíshì（名）
ceremony

肖霆锋：说说说。

汪明慧：从一开始，您对小罗就不正常。我也是做过领导的，碰到过这样的事情。你严格训练我们，我们没有意见。但是你不能利用职务之便，借工作之名，借工作之名……

肖霆锋：假公济私，想入非非。

汪明慧：哎，对。李如芸喜欢你，我们大家都知道。况且你对她也是格外地关照。小姑娘已经神魂颠倒了，现在你又跟小罗来拉拉扯扯。作为领导，作为老师，你认为合适吗？

肖霆锋：接着说，接着说。

汪明慧：总之，要是小罗拒绝你什么要求，你故意给她小鞋穿，不让她顺利转正毕业的话，我会向上级领导反映的。

肖霆锋：那么你呢？

汪明慧：我？我无所谓。你用不着来威胁我。

肖霆锋：完了？

汪明慧：啊，完了。

肖霆锋：好样的，好样的。

汪明慧：干什么？你什么意思啊？

肖霆锋：你少管我跟罗薇宁的事！出去！

汪明慧：出去就出去。反正我不允许你欺负她！暴君！

肖霆锋：晚上我还要用呢。

▶ 毕业典礼

肖霆锋：祝贺你！等一会儿仪式结束后，去跟小郭打个招呼，他今天来得最早。

李如芸：我自己的私事，我会处理的。

肖霆锋：我相信你。上天后，好好干。

李如芸：谢谢教官。这个给你。

肖霆锋：队长，祝贺你！同学们可都毕业了。

汪明慧：那是教官教导有方。你把李如芸，可害苦了。

1 教导有方 jiàodǎo yǒu fāng
to teach well

肖霆锋：你的确讲义气。

2 讲义气 jiǎngyìqi
to be loyal (to friends)

肖霆锋：别得意忘形，试飞才是最后一关。

罗薇宁：有您在，我怕什么啊？

肖霆锋：祝贺你！

罗薇宁：谢谢教官。

领　导：我宣布，第二十九期空中乘务员地队训练毕业典礼结束，全部学员及格毕业。

　　　　谢谢。

李如芸：我先走啦。

施　宇：薇宁。现在该叫大嫂了。祝贺你！

罗薇宁：我有那么老吗？小点儿声，别让大家听见。

施　宇：但是，你确实是我们的大嫂啊。

郭声发：算了算了算了。

罗薇宁：哎，你是小郭吧？

郭声发：对，你是？

罗薇宁：我是李如芸一组的。哎，李如芸呢？

郭声发：她，她可能不想见我。

罗薇宁：她可能是不知道应该怎么办。抓紧啊，肖教官已经找她谈过话了，一定要抓紧噢。

郭声发：哎，你……

朋　友：她是谁啊？她怎么都知道啊？

汪明慧：厂长，咱们厂现在效益怎么样？

3 效益 xiàoyì（名）
financial performance

厂　长：唉，还是老样子。不过她们都很羡慕你。

女工们：是啊，看你现在多神气啊！哎，你

4 神气 shénqi（形）
spirited, vigorous

这是什么做的?

1 聚餐 jùcān（动）
to dine together

2 打抱不平 dǎ bàobùpíng
to defend sb. against an
injustice

罗薇宁：汪姐，一会儿一块儿去聚餐吧!

汪明慧：哦，不了，我们一会儿就要走。

罗薇宁：那谢谢你啊，汪姐。

汪明慧：谢什么啊?

罗薇宁：谢谢你在肖教官面前帮我打抱不平啊。

汪明慧：哦。我碰上谁，我都这么做的。

罗薇宁：好了，再见啊，小朋友。

汪明慧：跟阿姨说再见。

方　向：再见。

汪明慧：她怎么会知道的? 我们走吧。

肖霆锋：谁画的?

学员A：不是我。

肖霆锋：谁画的?

学员B：我没画，我不知道。

肖霆锋：谁画的?

学员C：不知道。

肖霆锋：知道谁画的吗?

▶ 飞机场

3 舷梯 xiántī（名）
accommodation ladder,
gangway

4 闹 nào（动）
to make a noise, to disturb

5 私有 sīyǒu（形）
private, privately owned

6 财产 cáichǎn（名）
property

7 侵犯 qīnfàn（动）
to infringe, to violate

8 居然 jūrán（副）
unexpectedly

肖霆锋：到那个舷梯上留个影。小罗，罗薇宁!

罗薇宁：别闹了! 都别闹! 站好。等一下啊!
让开，让开。他是我老公，私有财
产，不得侵犯。

汪明慧：不会吧? 你没骗我吧?

李如芸：怎么会?

汪明慧：就是啊!

肖霆锋：队长，的确是真的。没给大家打招呼。

汪明慧：我们居然不知道。

李如芸：好啊，罗薇宁，你都不告诉我，你害
死我了。

学　员：哎，你们还拍不拍了?

12 答 案
Keys

01 报考空乘
判断对错
1. T   2. F   3. F   4. T   5. F   6. T
选择与画线部分意思最接近的词语
1. C   2. B   3. C   4. A   5. C

02 课上课下
1. T   2. F   3. T   4. T   5. F
选择与画线部分意思最接近的词语
1. B   2. A   3. C   4. B   5. B

03 严格训练
判断对错
1. F   2. T   3. F   4. F   5. F
选择与画线部分意思最接近的词语
1. C   2. A   3. C   4. C

04 惩罚训练
判断对错
1. F   2. F   3. T   4. T   5. F
选择与画线部分意思最接近的词语
1. B   2. C   3. A   4. A

05 改变作风
判断对错
1. F   2. F   3. T   4. F
选择与画线部分意思最接近的词语
1. B   2. A   3. C

06 爱情误会

判断对错

1. F　　2. T　　3. T　　4. F

选择与画线部分意思最接近的词语

1. B　　2. B　　3. A

07 消除误会

判断对错

1. T　　2. T　　3. F　　4. T

选择与画线部分意思最接近的词语

1. C　　2. A　　3. B

08 打抱不平

判断对错

1. F　　2. F　　3. F　　4. T　　5. T

选择与画线部分意思最接近的词语

1. C　　2. C　　3. A　　4. A　　5. C

10 综合练习

一、把所给词语放在合适的位置上

1. C　　2. A　　3. C　　4. C　　5. B　　6. B　　7. D　　8. C

二、选择正确答案

1. B　　2. A　　3. C　　4. B　　5. A　　6. C　　7. B　　8. A

三、选择合适的词语填空

1. 充实　　2. 赶紧　　3. 平时　　4. 故意　　5. 由衷　　6. 针对　　7. 格外

8. 居然